dtv

Ein paar Stangen, eine dünne Nylonhülle, Isomatte und Schlafsack – manche Menschen brauchen dann nur noch das Schmurgeln des Gaskochers, um sich zu Hause zu fühlen. Andere benötigen außerdem einen ausklappbaren Ofen, einen faltbaren Küchenschrank, einen Farbfernseher, einen Gartenzaun oder wenigstens eine Kübelpflanze. Zelte stehen wild auf Wiesen, auf nummerierten Plätzen, am Strand, im Schnee. Ob am Walchsee oder auf Hawaii: Zelten ist erschwinglich, naturnah, kontaktfördernd, mal abenteuerlich, mal romantisch, immer aber ein Erlebnis.

Birgit Lutz-Temsch ist Redakteurin der Online-Ausgabe und Autorin, *Jochen Temsch* Kulturredakteur bei der ›Süddeutschen Zeitung‹. Sogar ihre Flitterwochen verbrachten die beiden in ihrem Iglu-Zelt.

Kleine Philosophie der Passionen

Zelten

Von Jochen Temsch
Birgit Lutz-Temsch

Deutscher Taschenbuch Verlag

Originalausgabe
Mai 2005

www.dtv.de

Umschlagkonzept: Balk & Brumshagen
Umschlaggestaltung: Stephanie Weischer unter Verwendung eines Fotos von
© photonica/Alan Sirulnikoff
Gesamtherstellung: Druckerei C. H. Beck, Nördlingen
Gedruckt auf säurefreiem, chlorfrei gebleichtem Papier
Printed in Germany · ISBN 3-423-34194-7

Inhalt

Hoch das Zelt

Im ersten Moment ist jeder begeistert, dem wir von unseren Reisen erzählen: zum Beispiel von Insel zu Insel im hawaiischen Archipel, Skitouren in den Rocky Mountains, Flitterwochen in der Südsee, Französisch-Polynesien – das teuerste Reiseziel der Welt. Oder einfach die kleinen Trips an den Chiemsee, an ein eigenes Grundstück direkt am Ufer. Dann kommen die Fragen. »Wie macht ihr das?« Und alle bekommen glänzende Augen, spitzen neugierig ihre Ohren, als würden sie gleich eine magische Formel erfahren. Aber kaum sagen wir das Zauberwort – Zelten –, heißt es oft nur enttäuscht »Ach so«.

Ein paar Stangen, eine dünne Nylonhülle, Isomatte und Schlafsack – manche Menschen brauchen dann nur noch das Schmurgeln des Gaskochers, um sich zu Hause zu fühlen. Andere brauchen dazu noch einen ausklappbaren Ofen, einen steckbaren Gartenzaun, ein Campingmobil mit monströsen Ausmaßen oder wenigstens eine Kübelpflanze. Zelte stehen wild auf Wiesen, auf nummerierten Plätzen, auf ausgewiesenen Arealen, am Strand, im Schnee. Und so unterschiedlich wie diese Orte, so unterschiedlich sind auch die Zeltbewohner. Zelten kann Individualreisen in der Südsee oder Massentourismus am Gardasee sein, Notlösung aus Geldmangel oder Ausdruck einer naturnahen Lebenseinstellung, Biwakieren in Thermokleidung im ewigen Eis oder ganz ohne Hüllen im FKK-Camp. Wer das Zelten liebt, dem kommt es nicht so sehr darauf an, ob er sein Lager in Mecklenburg-Vorpommern, Oberbayern oder Tahiti aufschlägt. Denn Zelten ist eine Leidenschaft. An einem fremden Ort ankommen, sich heimisch fühlen, sobald die kleine Urlaubskuppel steht. Den Nachbarn nach einem Hammer fragen und dabei neue Freunde finden, mit denen man dann die Zelte an Bäumen festbindet, damit kein Sturm sie wegwehen kann. Allein in verschneiten Bergen sitzen und den Benzinkocher zum Laufen bringen. Mit sieben Freunden aus sieben Ländern an einem sizilianischen Strand fläzen und Rotwein trinken. Und am nächsten Morgen weiterziehen.

Aber wie jede Leidenschaft kommt auch diese für viele nicht in Frage. Zu unbequem, zu eklig – im Dreck liegen, Gummimatratzenluft atmen, in Badelatschen duschen und die Klobrille immer erst mit Sagrotan-Tüchern abwischen müssen. Zelten liebt man, oder man hasst es. Wer Zelten liebt, übernachtet nur noch ungern in klimatisierten Räumen, selbst wenn sie sich in einem Fünf-Sterne-Hotel befinden. Menschen, die Zelten hassen, glauben so etwas nicht. Doch wer sich in seiner freien Zeit lieber in Räumen einmauert, der wird es nie erfühlen. Der wird nie richtig spüren, ob es warm ist oder kalt, wie es regnet oder schneit. Der wird nie so nah das Meer rauschen hören in der Nacht. Oder die Wellen des Sees, wie sie über Kiesel zischeln. Der wird nie aufwachen unter einer blauen, gelben oder grünen Kuppel, an der eine Taschenlampe baumelt – in einem Nest und im Zuhause, das stets gleich aussieht und riecht, wo immer es auch steht. Der wird nie die Geborgenheit erfahren, die zwei raschelnde Schlafsäcke vermitteln, und diese Vertrautheit im intimen, kleinen Raum, wo jeder Zentimeter bekannt ist. Wo jede gedehnte Naht an einen bestimmten starken Wind erinnert und das verkokelte Loch im Moskitonetz an Wein bei Kerzenschein.

Und hinterm Moskitonetz ist die Welt. Früh lässt uns die Sonne jeden Morgen ins Freie schlüpfen. Vorhang auf für Weiher und Tannen, Berge und Schluchten, für Palmen und Sand – für alles, wovon uns nur ein paar Millimeter Stoff trennen. Und hätte ein Hotel noch so viele Sterne – wir haben Millionen von Sternen mehr.

Vielleicht wirken wir auf andere mittlerweile sonderbar. Das fiel uns auf, als wir uns zur Hochzeit Campingstühle wünschten und als wir Bekannte, die von ihrer Reise nach Moskau erzählten, fragten, ob man dort auch campen kann. Aber alles, was wir brauchen, ist einfach etwas Platz, irgendwo auf dieser Erde, nur halbwegs eben muss der Boden sein. Dann hoch mit der Kuppel, wo immer es uns gefällt! Der Himmel ist aus Nylon.

Ein Spaß für die ganze Familie

Ein lautes Zischen, und wir sind sofort wach. Ein Blick zu Birgit, Worte sind nicht nötig: So hören sich lecke Gaskartuschen an! Sofort bin ich am Reißverschluss des Zelts, damit wir flüchten können. Mehrmals haben wir erlebt, was passiert, wenn sich diese Metallbehälter selbstständig machen. Meistens liegt es an einem kaputten Ventil. Manchmal ist es auch eine Büchse ohne Sicherheitsverschluss, die der Besitzer mit dem Kocher-Gegenstück falsch durchsticht und dann nicht mehr halten kann. So oder so: Wenn das unter hohem Druck stehende Gas abrupt aus der kleinen Öffnung entweicht, geht die Hülle ab wie eine Bowlingkugel mit Raketenantrieb. Wer dann im Weg steht, hat nichts mehr zu lachen.

Gerade will ich den Reißverschluss aufziehen, da ist das hässliche Geräusch auf einmal weg. Wir atmen erleichtert auf – und einen schweren, süßlichen Gestank ein, der entfernt an Rosen erinnert. Duft kann man diese Miefwolke ganz bestimmt nicht nennen, die plötzlich in unser Zelt wabert und in unseren Lungen sticht. Die üblen Geruchsmoleküle hängen schwer über unseren Köpfen. Da ist keine Kartusche kaputt, sondern das Toilettenspray einer Fernfahrerkneipe explodiert. Schon setzt das Zischen wieder ein. Doch was ist unsere läppische Vorstellungskraft gegen die brutale Wirklichkeit: Unsere Nachbarin bückt sich mit rotem Kopf und sprüht Insektenvernichtungsmittel auf den Boden ihres Platzes. Vernichtungsmittel à la Rose.

Man kann an die Adria fahren und versuchen, das Meer auszuschöpfen. Man kann auf Gletscher wandern und mit dem Bunsenbrenner das Eis abschmelzen. Man kann auch auf einer Wiese die Ameisen und Käfer vergasen. Es ist nur eine Frage der Einstellung. Gibt es vielleicht ein Spray dagegen?

Wir lassen uns zurück auf die Matratzen fallen. Beruhigen uns wieder. Es ist acht Uhr. Also ist es sowieso egal, dass uns diese Frau wachgesprüht hat. Denn jetzt, pünktlich wie jeden Morgen, knacken die Lautsprecher, die um uns herum in den Pinien hängen. Und mit einem in den Ohren schmerzenden Scheppern beginnt der längst vergessen geglaubte, aggressiv gut gelaunte Song von Boney M.: »Hooray, hooray, it's a holi-holiday.«

Nach einer Strophe dreht ein gnädiger Mensch die Musik leiser, und die niedliche Stimme einer niederländischen Animationskraft leiert das Programmangebot auf Italienisch, Englisch, Deutsch, in ihrer Landessprache und einer eigenwilligen Mischung aus allem herunter: »Umme elfe Ühr treffe sich de Erwachsene zu de Stretsching anne de Swemmbad und de Kleene for de Spiele aufe de Spieleplaatz.«

Außerdem gibt es noch eine Minigolfanlage, einen Reitstall, einen Supermarkt, einen Gemüseladen – Institutionen, die jeweils bestimmte Öffnungszeiten und spezielle Angebote des Tages haben, von denen uns die Stimme aus den Pinien kein Detail vorenthält.

Die zwei Restaurants und die Tahiti-Bar mit der Happy Hour bis 23 Uhr haben auch heute wieder geöffnet, entnehmen wir der Ansage, obwohl wir vergangene Nacht in einem Lokal nach dem anderen versumpft sind und uns bemüht haben, sämtliche Vorräte an Rotwein, Rum, Limetten und

Eiswürfeln aufzubrauchen. Wir hofften, dadurch besser schlafen zu können inmitten dieser Pinien-Lautsprecher, die nachts ein permanentes Rauschen absondern, unterbrochen von hohen Piepstönen. Der Alkohol hat nur bedingt geholfen. Aber so ist es nun mal, auf einem der vom ADAC wärmstens empfohlenen Super-Campingplätze am Gardasee – Urlaubsorte für die ganze Familie.

Da fängt der Tag schon turbulent an. Kinder spielen Federball, Väter schrubben den Grill und strecken ihren Bierbauch in die norditalienische Sonne, Mütter stehen zur Vorbereitung der Rouladen fürs Mittagessen gleich nach dem Frühstück im Kochzelt. Geschwister ärgern sich gegenseitig, Väter schreien, Mütter schreien, dazu bellt der Hund.

Ansonsten ist hier alles vom Feinsten: Duschen mit warmem Wasser, Toiletten mit Papier und Seife, Wickelräume und bunte Mini-Badezimmer für Kinder, Wasch- und Bügelautomaten. Alles riecht nach Putzmittel. Und man ist immer unter sich. Das gesamte Areal des Campingplatzes ist mit Hecken eingezäunt, an denen Schilder Hunden die Verrichtung ihrer Notdurft untersagen. Ein scharf kontrollierter Schlagbaum hebt sich nur für Gäste, die einen entsprechenden Ausweis vorzeigen können. Dann suchen sich Neuankömmlinge ihre Parzelle, wofür sie einen Plan brauchen, so groß ist das Gelände. Trotzdem verfranzen sich viele übermüdete Urlauber, die nach stundenlangem Nonstop-Fahren nur noch endlich ankommen wollen. Das Verkehrschaos, das die stündlich ein- und ausfahrenden zig Motorräder, Caravans und zwölf Meter langen Wohnwagengespanne erzeugen, hat die Verwaltung dank ordentlicher Beschilderung, dank Tempolimits, Einbahnstraßen und verkehrsberuhigter Zonen halbwegs im Griff. Wer wirklich Ruhe sucht, kann derweil ans Wasser gehen.

Dort gibt es sogar einen extra aufgeschütteten Streifen Sandstrand, der in den frühen Morgenstunden mit laut tuckernden Traktoren geplättet wird. Dabei gehen allerdings die Sandburgen und Grabensysteme kaputt, die die Kinder am Vortag mit unermüdlicher Sorgfalt geschaffen haben. Wenn die Kleinen mit ihren Eltern an den Strand kommen und sehen, dass ihre Bauwerke zerstört worden sind, schreien sie und weinen. Bis zum Mittag beruhigen sie sich wieder. Bis zum Abend stehen neue Burgen. Am nächsten Tag geht alles von vorne los.

Das Gezeter der Kinder, das Hip-Hop-Geraunze aus den Gettoblastern der Bier trinkenden Jugendlichen und das Rufen der Sonnenbrillen verkaufenden Afrikaner kann nur noch der Eismann übertönen, der mit seinem Gelato-Boot hin und wieder anlegt, ins Horn stößt und lautstark auf sein Sortiment aufmerksam macht. Wenn die Kinder eine Waffel mit einer Kugel Schokoeis in der Hand halten, sind sie auf einmal glücklich – und still. Zumindest für ein paar Augenblicke. Dann schlecken sie, lassen die Schokokugel in den Sand fallen und heulen von Neuem los. Irgendwann döst man trotzdem ein, wenn man so in der Sonne liegt – bis eine beflissene Animateurin einen Schatten wirft und fragt, ob man vielleicht Lust hätte, bei der Probe zur Aufführung des Musicals »Der König der Löwen« mitzumachen.

Zweimal die Woche am Abend pilgert alles, was schon einen Pickel auf der Nase vorweisen kann, zur Disco, wo ein Ansager die Bravo-Hits der vergangenen Saison auflegt. Um zehn Uhr ist Schluss, aber schon kurz nach sieben sieht man die ersten Väter mit gehetztem Blick nach ihren pubertierenden Töchtern suchen, die sich an diesem Abend Mamas Lippenstift geliehen haben. Wenn »Der König der Löwen« aufgeführt wird, ist die Suche schnell zu Ende. Denn wer zu alt ist, ein Zebra auf der Bühne zu spielen, aber zu jung, um ohne Eltern zu verreisen, liegt am Strand und knutscht. So ein Campingplatz ist überhaupt perfekt für Urlaub mit dem Nachwuchs. Alles ist ein bisschen wie zu Hause: übersichtlich, geordnet, eine kleine Welt für sich. Nicht einmal die Nachbarn ändern sich – am Ende der Ferien reservieren Stammgäste die gleiche Parzelle fürs nächste Jahr.

Auch wir kommen immer wieder gerne. Denn trotz allem fühlen wir uns auf diesem Platz für ein paar Tage sehr wohl. Wahrscheinlich hat das mit Nostalgie zu tun, mit schönen Erinnerungen an früher. Es ist wie ein Ausflug in die eigene Kindheit, als wir selbst noch am Gelato-Boot anstanden, Sandburgen bauten und in der Disco tanzten. Vielleicht liegt es aber auch an Boney M. Die kriegen wir nie wieder aus dem Ohr.

Schließ die Augen und sag: Kalalau

Wir saßen fest. Am schönsten Ort der Welt, schöner als alles, was Jochen und ich davor und danach auf all unseren Reisen gesehen haben: Kalalau. Wie die Finger einer Hand strecken sich dort vom Dschungel überwucherte, gewaltige Klippen Richtung Meer. Von mehr als 1500 Metern Höhe fallen diese grünen Zacken zum tosenden Pazifik hin ab. In einem der tiefen Täler zwischen den Zacken, in einer Bucht, schön wie die Sehnsucht, liegt ein Strand: Kalalau. Ein sagenumwobener Ort, an dem es nichts gibt außer einem Zeltplatz. Man erreicht ihn nur über einen 18 Kilometer langen und schwierigen Wanderweg. Dieser Strand war einer der Hauptgründe, warum wir um die halbe Erde gereist waren – nach Kauai, einer der hawaiischen Inseln.

Die Ureinwohner nennen diese Küste Na Pali – zerklüfteter Fels. Sie ist aus den Überresten des Vulkans entstanden, der die Insel vor Jahrmillionen schuf. Um dieses einzigartige Naturwunder zu erhalten, dürfen an der Na Pali Küste keine Boote anlegen. Wer nach Kalalau will, muss wandern. Das Tal ist so schwer zugänglich, dass es *outlaws* als Versteck nutzen, Aussteiger, die genug haben von der amerikanischen Gesellschaft. Jochen und ich stellten uns vor, dass wir, wie in einem Abenteuerfilm, auf eine im Geheimen existierende Gemeinschaft stoßen würden, die außerhalb der Regeln der Zivilisation lebt. In einer palmenbewachsenen Welt für sich.

Jeder, dem wir auf Kauai von dem Vorhaben erzählten, nach Kalalau zu gehen, zog die Augenbrauen hoch. Der Weg ist berüchtigt. Er führt durch Dschungel, über Bäche, fünf große Täler muss man durchqueren, also zig Mal die Klippen erklimmen und auf der anderen Seite wieder hinabsteigen. Die letzten Kilometer des Pfades, der dann kaum mehr so breit ist wie ein Wanderschuh, liegen in der prallen Sonne. Der Untergrund besteht aus *sliding sands*, bis auf Staubkorngröße erodierte Lava, in der man knöcheltief einsinkt und wenig Halt findet. 300 Meter darunter donnern die Brecher des Pazifiks nach tausenden Kilometern Anlauf gegen die Felswand. Jedes Jahr sterben hier Menschen, die den Weg unter- oder sich selbst überschätzen. Außer Kalalau gibt es noch zwei andere Campingplätze, nach jeweils einem Drittel der Strecke: Hanakapiai und Hanakoa. Alle drei sind nichts weiter als mit der Machete frei geschlagene, dem Dschungel abgetrotzte Lagerplätze. Waschräume gibt es nicht, nur ein paar Trockentoiletten. Als Trinkwasserquellen dienen Bäche oder Wasserfälle. Nur eine Handvoll Menschen im Jahr darf offiziell dort übernachten. Wir waren zwei davon.

Morgens um sieben packten wir, nur das Nötigste: Schlafsäcke, Essen und Tabletten zur Trinkwasserzubereitung. Denn das Wasser in den Bächen, so hieß es, trägt Leptospirosis-Bakterien in sich, die beim Menschen Fieber, Muskelschmerzen und Hirnhautentzündung auslösen können. Trotz unserer spartanischen Ausrüstung waren unsere Rucksäcke schwer, an Jochens Pack hing auch noch das Zelt. Der erste Wegabschnitt ging gemächlich dahin. Eine dichte Vegetation aus Schraubenbäumen, Ti-Pflanzen, Ingwerstauden und zig verschiedenen Farnen bot uns gnädigen Schatten. Der Pfad stieg steil an, bald hatten wir einen ersten wunderbaren Blick entlang der Küste und zurück auf den Kee Beach, eine türkisfarbene, palmenbewachsene Bucht. Nach anderthalb Stunden erreichten wir das Hanakapiai-Tal. Bis hierher waren wir nicht allein – diesen Teil gehen viele Tagesausflügler, um einen Eindruck von der weltberühmten Wanderung zu bekommen.

Dick hing roter Dreck an unseren Kleidern und auf unserer Haut, der Schweiß zog dunkelrote Streifen durch die Staubschicht. Das Gepäck drückte schwer auf unsere Schultern. Das Abkühlung verheißende Meer schien geradezu nach uns zu rufen. Aber auf den letzten Metern vor dem Strand stand ein Schild. Es wies auf die Todesgefahr dieses harmlos aussehenden Gewässers hin. Wer hier badet, ist lebensmüde – wie an vielen Stränden im hawaiischen Archipel. Denn beim Zurückbranden der großen Brecher des Pazifiks entstehen gefährliche Strudel.

Das Warnschild war typisch amerikanisch, mit Totenkopf und Wörtern wie Gefahr, Lebensgefahr und Bedrohung. Weil aber in den USA selbst an Rolltreppen Schilder angebracht sind, die ellenlang mögliche Risiken aufführen, hätten wir vielleicht gar nicht darauf geachtet. Uns hielt ein ganz anderer Hinweis vom Sprung ins Meer ab: Jemand hatte einen Zeitungsartikel auf eine Holztafel genagelt. Darin wurde beschrieben, wie eine Touristin an diesem Strand ertrunken war: Sie war noch nicht einmal geschwommen, sondern nur im flachen Wasser gewatet. Daneben hing eine Liste derer, die in den vergangenen Jahren am Hanakapiai-Beach ums Leben gekommen waren. Mit Namen, Alter und Sterbedaten. Die letzten Plätze der Aufzählung waren frei gehalten – für die Toten, die sicher noch hinzukämen. Betroffen standen wir vor der Mahnung. Und verwarfen das abkühlende Bad.

Noch mehr als 14 Kilometer lagen vor uns. Nach dem Hanakapiai-Strand waren wir allein – weiter als hierher gehen nur jene Verwegenen, die sich den ganzen Weg vornehmen. Steil zog sich der Pfad durch den Dschungel, vorbei an Kerzennussbäumen und Pflanzen, die wir noch nie gesehen hatten, durch einen Bambushain, in dem es knarzte wie auf einem alten Schiff.

Immer langsamer kamen wir voran, aber wir wurden entlohnt mit immer schöneren Aussichten die Küste entlang. Die Klippe, die wir erklommen hatten, fiel auf der anderen Seite ebenso steil wieder ab und führte uns ins Hoolulu-Tal – in dem es außer diesem Trampelpfad nichts gibt. Erschreckt hielten wir in unserem gleichmäßigen Schritt inne: Kaum 50 Meter vor uns stand ein großer, schwarzer Hund. Auf den ersten Blick dachten wir, es sei ein Puma. Er sah uns an, wir ihn. Wie eine Ewigkeit schien uns dieser Moment. Ein Mensch, der zu diesem Hund gehörte, war nicht zu sehen. Er trug kein Halsband. Lautlos verschwand er im Dickicht. Unheimlich war diese Begegnung. Ob er einem der Aussteiger gehörte?

Die Sonne stand hoch am Himmel, als wir das Waiahuakua-Tal durchquerten, unsere Kleidung war völlig durchnässt von der feuchten Luft und unserem Schweiß. Die Moskitos umschwirrten uns, sobald wir stehenblieben, um kurz zu verschnaufen. In der dicken, schweren Luft hing ein süßlicher Geruch, der den Kopf benebelte und im Magen kitzelte, ein Geruch nach Verwesung. Er kam von Guaven, die überall herumlagen, in allen Stadien des natürlichen Verfalls. Noch frische Früchte, soeben vom Baum geplumpst, bis hin zu völlig vergorenen, halb verrotteten Obstleichen. Der gemeine Gestank setzte sich in unserer Kleidung fest, in den Nasen, im Gehirn.

In unendlich scheinenden Windungen gelangten wir ins Hanakoa-Tal, in dem der zweite Campingplatz liegt. Wenig einladend war diese Lagerstelle, über der Millionen von Moskitos surrten. Vernünftige Menschen schlagen hier trotzdem ihr Zelt auf und bewältigen das letzte Wegstück ausgeruht am nächsten Tag. Wir gingen weiter, vorbei an einer verwahrlosten Baracke, an einem provisorischen Hubschrauberlandeplatz für Notfälle, wieder hinein in den Dschungel.

Die Schultern und der Rücken schmerzten von unserer schweren Last, die Füße brannten vom holprigen Weg. Die Kraft hatte schon lange nachgelassen. Aber immer noch lag das schwierigste Stück vor uns: der karge Küstenabschnitt, an dem der Weg in der Höhe entlangführt, ohne ein bisschen Schatten. Hier stürzen jedes Jahr müde Wanderer die Klippen hinunter. Wir redeten nicht mehr viel. Müde, so müde, hingen wir an den Felsen, die Sonne brannte auf uns herab. Das Wasser, das wir mitgenommen hatten, war fast aufgebraucht.

Als sich die Sonne bereits senkte, nach 13 Stunden, erreichten wir ein Plateau aus glatt gewaschenem rotem Stein. Ein einfach zusammengenageltes Holzschild stand da. Darauf hatte jemand auf Hawaiisch und Englisch die Worte geritzt: »Du betrittst heiliges Land. Sei dir dessen bewusst und verlasse es so, wie du es vorgefunden hast, im Gedenken an unsere Ahnen.« Hinter dem Schild: Kalalau. Diesen ersten Blick auf den Strand werden wir nie vergessen. Die Wellen krachten an die Küste, ein feiner Nebel lag über der Gischt, rosa eingefärbt. Die gewaltigen roten Felswände, die sich hinter dem Strand aufbauten, leuchteten in der Abendsonne. Das Grün des Dschungels, das dunkle Gelb des Sandes – eine solche intensive Farbenpracht bot sich uns, dass wir ohne zu reden eine ganze Weile stehen blieben, den Blick über die Schönheit dieser Landschaft gleiten ließen, von der wir zuvor zwar gehört hatten, die wir nun in ihrer Macht aber nicht erfassen konnten. Wir sahen nicht einen einzigen Menschen. Endlich war es so weit. Der sagenumwobene Ort, er lag direkt vor uns.

Die letzten Meter gingen wir mit frischer Kraft ins Kalalau-Tal hinunter. Und da passierte es: Beim letzten Bach, den wir überqueren mussten, rutschte ich auf einem glitschigen Stein aus. Ich ruderte mit den Armen, Jochen versuchte, mich aufzufangen – zu spät. Ich stolperte in das felsige Bachbett und blieb mit dem rechten Fuß zwischen zwei Steinen hängen. Es knackte. Der Schmerz kam schnell, bis in den Kopf schoss seine heiße Flamme. Im Knöchel wummerte es.

So kam ich humpelnd in Kalalau an. Jochen baute das Zelt auf, und wir setzten uns an den Strand – ein einsamer Sonnenuntergang am Ende der Welt, ein üppiges Farbenspiel am Himmel, an den Felsen, in unseren Gesichtern. Es war noch schöner, als wir es uns vorgestellt hatten. Der schmerzende Knöchel war vergessen. Wir legten uns in den Sand, schlossen die Augen und sagten: Kalalau.

Wir stellten fest, dass wir doch nicht alleine waren: Aus einer Höhle am Ende des Strands kamen ein paar Gestalten, rannten johlend ins Wasser und wieder zurück. Und Tiere gab es auch noch – aber keine gefährlichen: Im Gebüsch raschelte es. Der Lichtkegel unserer Lampen fiel auf Kröten, so hässlich und groß wie Kuhfladen. Ansonsten Stille, bis auf das Rauschen der Wellen. Lang saßen wir an diesem Abend im

Sand, aßen Spaghetti mit Tomatensauce, tranken den mitgeschleppten Rotwein. Wir hatten es geschafft. Dieser Campingplatz war alle Strapazen des Wegs wert. Dann schliefen wir tief und traumlos.

Am nächsten Morgen war mein Knöchel angeschwollen und schillerte blau-grün. Als die Sonne höher wanderte, legten wir uns in den Schatten eines Nussbaums. Jochen ging zum Wasserfall, machte mir kalte Umschläge und wiederholte immer wieder die umständliche Wasserreinigungsprozedur, damit wir etwas zu trinken hatten. Uns beiden war etwas mulmig zumute. So wie der Fuß aussah, konnte ich es vergessen, den Weg in ein paar Tagen wieder zurückzugehen.

Vor der Höhle, aus der am Vorabend die Leute gekommen waren, lag heute ein kleines Motorboot im Sand. Ein Mann nestelte daran herum. Ich humpelte mit meinem bandagierten Fuß zu der illegal gelandeten Nussschale. Der Kerl hieß Ricky. Und war so bekifft, dass seine Augen rot waren wie die eines Albino-Hasen. Mit verschleiertem Blick schielte er mich an. Ob er uns mit diesem Boot wegbringen könnte, fragte ich ihn. »Klar kannst du mitfahren«, sagte er. »Kostet 50 Steine.« Ich biss die Zähne zusammen und willigte ein. Am nächsten Morgen würde er uns also mit nach Hanalei nehmen. Das Ganze war uns nicht sehr geheuer. Der Typ war das Gegenteil von vertrauenswürdig, das Boot winzig, die Wellen hoch. Aber es blieb uns wohl nichts anderes übrig.

Jochen und ich lagen den Rest des Tages unter dem Nussbaum. Das Schild mit dem Hinweis auf das »heilige Land« ging mir nicht aus dem Kopf. Ein seltsamer Zauber schien über diesem Tal zu liegen. In diesen Stunden, in denen wir da im Schatten dösten, nahmen wir diesen Zauber in uns auf. Ich dachte an die melancholischen Lieder, in denen die Hawaiianer heute von der Gefahr singen, in der das Land ihrer Väter schwebt, der Gefahr, zerstört zu werden durch hässliche Hotelbauten und breite Straßen, der Gefahr des Vergessens und Verdrängens der uralten hawaiischen Kultur, der Gefahr, unterzugehen im *american way of life.*

In der westlich-arroganten Sichtweise wurde Hawaii 1778 durch den englischen Seefahrer Captain Cook entdeckt. Dass aber schon mehr als tausend Jahre vor ihm polynesische Seefahrer die Inseln gefunden hatten, noch dazu in ausgehöhlten Baumstämmen und mit heute nicht nachvollziehbarer Navigationskunst – das gerät in Vergessenheit. Als die europäischen Seefahrer kamen, brachten sie den Polynesiern eine tödliche Fracht: Krankheiten, die einen großen Teil der Hawaiianer umbrachten, weil sie keine Abwehrkräfte gegen sie hatten. Als sich immer mehr Amerikaner auf Hawaii niederließen, wurden Stimmen laut, die Inseln zu einem amerikanischen Bundesstaat zu machen. Sie hatten Erfolg: Die letzte Königin Hawaiis, Liliuokalani, wurde 1893 von Oppositionellen gestürzt. Der erste Präsident der hawaiischen Republik war Sanford Ballard Dole – ausgerechnet aus jenem Clan, der sich gleich eine der Inseln vollständig einverleibte, um Ananas auf ihr anzubauen – und ein Vermögen damit machte. Auf dem alten hawaiischen Wappen stand der Spruch »Ua mau ke ea o ka aina i ka pono«, »möge das Leben des Landes in Rechtschaffenheit erhalten bleiben«. Im vergangenen Jahrhundert war oft nicht nach diesem Leitspruch der einstigen Könige gehandelt worden. Deshalb sind die Lieder der Hawaiianer heute so melancholisch. Langsam konnte ich das verstehen. Dieses Land war so schön. Was aus ihm gemacht wurde, so traurig. Mit diesen Gedanken verging der Tag. Mit dem Stand der Sonne veränderte sich die Farbe des Sands. Aus dem feuchten Braun des frühen Morgens wurde ein sattes Gelb am Vormittag und schließlich ein flirrendes Weiß, als die Sonne am höchsten stand. Der Sand schien zu schmelzen.

Am nächsten Morgen weckte uns das Knattern eines Motors. Ricky hatte sich gestern scheinbar die Reste seines Gehirns weggequalmt und vergessen, dass er uns mitnehmen wollte. Die Nussschale tanzte auf den Wellen und verschwand hinter den Klippen. Jochen rannte in sinnloser Wut den Strand entlang – aufhalten konnte er den durchgeknallten Hippie nicht mehr. So war das also, in dieser im Geheimen existierenden Parallel-Gesellschaft, dieser palmenbewachsenen Welt für sich, auf die wir so neugierig gewesen waren. Alle waren frei hier, alles war ganz einfach – und allen war alles egal, vor allem, wie es anderen ging.

Da saßen wir – auf dem schönsten Campingplatz der Welt – und wussten nicht, was wir tun sollten. Der Knöchel hatte sich mittlerweile lila verfärbt, ich konnte nicht mehr auftreten. An den Rückweg war nicht zu denken.

Niedergeschmettert humpelte ich mit Jochen zu unserem Nussbaum – und da saß George, ein junger Australier. Er hatte eine Verabredung. Mit Dan, einem Hawaiianer, der ihn am nächsten Tag vom Strand abholen wollte. Mit einem Boot. Dan sei verlässlich, sagte George. Er würde öfter mal die Küste entlangfahren, auf der Suche nach entkräfteten Wanderern, und sie für eine Handvoll Dollar mitnehmen. Das klang viel besser, als noch einmal auf den bekifften Albino-Hasen zu warten. Aber was, wenn Dan auch nicht kam?

Im Schatten dösten wir vor uns hin. Wir lagen an diesem von der Zivilisation so weit entfernten Ort – und wurden doch immer wieder an sie erinnert. In regelmäßigen Abständen hörten wir Helikopter, die Touristen in die bizarren Täler flogen, ein paar Ausflugsschiffe tuckerten weit draußen an der Küste auf und ab, sie unerreichbar für uns, wir unerreichbar für sie – denn anlegen durften sie ja nicht. In einem seltsamen Kontrast stand unsere Lage zu der dieser unbeschwerten Ausflügler. Dass sie die Schönheit, die sie vor Augen hatten, wirklich begriffen, glaubten wir nicht. Wir wussten, wie hoch die Klippen waren, denn wir hatten sie erklommen. Wir wussten, wie der Dschungel roch, welche Farbe der Staub der Erde hatte, hatten im Zelt die Geräusche der Nacht gehört. Wir konsumierten die Landschaft nicht wie ein Fahrgeschäft in einem Vergnügungspark.

Aber die wenigsten der acht Millionen Besucher, die jährlich nach Hawaii kommen, reisen so wie wir mit dem Zelt. Unser Trip hat keine Spuren auf der Insel hinterlassen. Die reichen Luxustouristen mieten sich dagegen in klimatisierten Anlagen ein, in denen Delphine in Bassins gesperrt sind, als Zeitvertreib für die Gäste. Diese Menschen kommen wegen der herrlichen, unberührt scheinenden Natur nach Hawaii. Und machen sie kaputt. Denn die Hotels werden gebaut, ohne auf die natürlichen Gegebenheiten zu achten. Die Inseln sind durch ihren vulkanischen Ursprung sehr bergig und ragen bis zu 4000 Meter aus dem Pazifik. Die Wolken, die der Wind aus nordöstlicher Richtung heranweht, bleiben auf der einen Seite hängen und regnen sich ab. Als Folge wuchert dort der Dschungel, die Vegetation ist üppig und kraftvoll. Um den Touristen aber so viel Sonne wie möglich zu bieten, errichten die Hotelketten ihre Kästen bevorzugt auf der anderen Inselseite. Dort, wo das Land fast verdorrt ist und trockener Staub in der Luft liegt. Dort, wo auf allen Campingplätzen Schilder hängen, dass man sparsam mit dem kostbaren Wasser umgehen solle. In diese Wüsten bauen die Hotels grüne Golfplätze, die sie künstlich beregnen lassen, mit so viel Wasser, wie ein Mensch in seinem Leben nicht trinken kann. Von der anderen Seite der Insel wird das Wasser dafür abgepumpt. Auf Kauai ist deshalb ein Sumpf so gut wie ausgetrocknet, in dem Hunderte einzigartiger Pflanzen- und Tierarten wuchsen und lebten. Und das, obwohl der Sumpf nahe des feuchtesten Punkts der Welt liegt – am Fuß des Mount Waialeale, wo es an 350 Tagen im Jahr regnet. Die Hawaiianer müssen machtlos zusehen, wie ihr Land zerstört wird. Daran verdienen können sie nicht viel – denn die ihnen zukommenden Aufgaben beschränken sich zumeist auf die des Zimmermädchens oder des Hulatänzers. Eigentümer der meisten Hotels sind Großinvestoren aus Japan oder vom amerikanischen Festland. Die USA haben den Hawaiianern ihr Land gestohlen – ganz langsam, Stück für Stück. *Ua mau ke ea o ka aina i ka pono* – ich begann diejenigen zu verstehen, die einen unabhängigen hawaiischen Staat fordern.

Nene-Gänse watschelten heran. Wir fütterten sie nicht, schon allein, weil wir nicht mehr genug für uns hatten. Lange saßen wir an diesem Tag unter dem Nussbaum. Wir teilten unsere letzten Essensvorräte mit George und machten Witze über unsere Situation. Dabei waren wir nur nach außen unbeschwert. Wer weiß, ob Dan Wort halten und wirklich kommen würde. Wenn nicht – daran wollten wir gar nicht denken. Wir waren froh, dass wir nicht allein in dieser Lage waren.

Am nächsten Morgen weckten uns Bergziegen, die um unser Zelt herum Fangen spielten. Gegen Mittag hüpfte ein kleines gelbes Boot über die Wellen heran: Dan. George, Jochen und ich fielen uns in die Arme, so freuten wir uns darüber, dass Dan wirklich gekommen war. Ein Stück vom Ufer entfernt ankerte er, warf Seesäcke ins Wasser und schwamm mit ihnen an Land. Ein drahtiger Mittvierziger, der verblüffende Ähnlichkeit mit David Hasselhoff hatte, stand schließlich vor uns. Ob wir zusammengehörten, fragte er. George schaute uns an. »Jetzt schon«, sagte er. Wir sollten uns beeilen, rief Dan, und wenn irgendjemand fragte, seien wir alle seine Freunde und machten einen kleinen Ausflug. Und nie sollten wir das »M-Wort« erwähnen: *money*, Geld.

Wir stopften unsere Sachen in seine Seesäcke, und er kämpfte sich mit einem Packen nach dem anderen zum Boot. Uns befahl er, 50 Meter den Strand hinaufzulaufen und dort ins Wasser zu gehen. »Schwimmt, so schnell ihr nur könnt geradeaus – die Strömung treibt euch in die richtige Richtung«, rief er.

Ich sah das Schild des Hanakapiai-Strands vor meinen Augen. Für einen kurzen Moment kam Panik in mir hoch. Ich wollte nicht, dass unsere Namen die nächsten auf der Liste waren. Aber es blieb uns nichts anderes übrig. Wir sprangen ins Wasser. Die Wellen trafen uns mit aller Macht. Zwischen zwei Brechern schafften wir es, über die gefährlichen Strudel hinauszugelangen. Es war, wie Dan gesagt hatte: Wir trieben genau zum Boot. Er zog uns hinauf, lichtete den Anker – geschafft.

Dan ließ den Motor aufheulen, warf uns drei Bierdosen zu, streckte seine Faust in die Luft und schrie in die Wellen: »Einmal Pirat, immer Pirat!« Er wolle gar nicht wissen, wen er mit seinen verbotenen Aktionen schon alles vor schlimmen Verletzungen oder gar dem Tod bewahrt hatte, sagte er. Zu viele unterschätzten den Weg. Beschämt blickten wir uns an. Manchmal brachte er Camper zum Kalalau-Strand und holte sie nach ein paar Tagen wieder ab. Noch nie habe er eine Abmachung gebrochen, sagte er. »Diese Küste ist zu gefährlich, um unzuverlässig zu sein«, erklärte er dramatisch. Einmal hatten ihn die Ranger erwischt und ihm sein Boot weggenommen. Aber das hielt ihn nicht lange fern von Na Pali.

Er fuhr mit uns in ein paar Grotten und warf uns immer neue eisgekühlte Getränkedosen zu. Das Bier und die Säfte schmeckten uns wie Champagner, nachdem wir tagelang das aufbereitete Wasser getrunken hatten. Unterwegs sahen wir, wie sich der Pfad die Klippen entlangschlängelte und konnten kaum fassen, dass wir vor drei Tagen in diesen Felsen gehangen hatten – nur eine knappe Stunde dauerte die Rückfahrt.

In Hanalei ließ Dan uns alle an Land gehen und fuhr davon, um zu ankern. Er vertraute einfach darauf, dass wir nicht abhauen würden – denn die M-Frage mussten wir erst noch klären. Als wir aus dem Wasser stapften, zwischen den lärmenden, badenden Kindern, erschien es uns, als seien wir wochenlang weg gewesen, als hätten wir ewig keine anderen Menschen gesehen, keine Schwimmreifen, keine bunte Zivilisation. Und schon vermissten wir Kalalau.

Am Strand gab es eine Dusche. Endlich wieder Seife. Dann bog Dan um die Ecke, und beinahe hätten wir ihn nicht wiedererkannt, denn er sah aus wie die Karikatur eines Honolulu-Touristen: Er trug Bermuda-Shorts und ein Hawaii-Hemd, eine große dunkle Sonnenbrille, eine lederne Herrenhandtasche und einen Strohhut. Er sah so auffällig unauffällig aus, dass sich der ganze Strand nach uns umdrehte. Dann kam das M-Wort.

Die Nacht nach unserem Kalalau-Trip war die einzige in unserem Hawaii-Urlaub, die wir nicht im Zelt verbrachten. Wir gönnten uns ein Bed-and-Breakfast, in einem ehemaligen buddhistischen Tempel, den die neue Besitzerin mit Engeln dekoriert hatte. Es gab weiße Laken, einen Deckenventilator und eine warme Freiluftdusche, und wir genossen das Gefühl, einfach nur sauber zu sein. Ich ging zu einem Arzt, mein Knöchel war nicht gebrochen. Am Kühlschrank der Pension hing ein Magnet: »I believe in angels«, »ich glaube an Engel«, stand darauf. Wir hätten am liebsten ein Foto von Dan daneben gepinnt.

Manchmal schaue ich aus dem Fenster. Wenn es regnet, wenn die Arbeit keinen Spaß macht, wenn alles grau scheint und kalt. Dann schließe ich die Augen. Und denke an Kalalau.

Der fahrende Holländer

Wir sitzen hier. Und die sitzen da drüben. Sie schweigen sich über einen Klapptisch hinweg an: ein altes, ergrautes Ehepaar. Über dem Tisch liegt eine sauber gebügelte weiße Decke. Die Frau stochert mit einem Stift in einem Kreuzworträtsel herum. Der Mann schält einen Apfel. Dann schneidet er den Apfel in Stücke und legt die Schnitze auf einen Teller. Er putzt sein Messer mit einem Papiertuch von der Küchenrolle, so gründlich, als wäre die Klinge seine Lesebrille, und das war dann wieder genug Bewegung für Stunden. So sitzen die beiden seit drei Tagen da – egal, ob Birgit und ich am Morgen beim Aufwachen zu ihnen hinüberschauen, am Nachmittag nach dem Baden oder am Abend vor dem Essen. Sie sind so still und steif auf ihren Stühlen, außerdem so ausgemergelt und ledrig braun, dass wir schon in Versuchung geraten sind, einen von ihnen anzustupsen – nur um mal zu testen, ob sie sich schon in Mumien verwandelt haben.

Sie waren mit einem schwarzen Volvo auf den Platz in der Nähe von Florenz gekommen, hatten ihren Wohnwagen im Schlepptau und ziemlich schlechte Laune. Ihr Gespann versperrte uns den Weg, als wir mit dem Auto vom Einkaufen zurückkehrten. Die beiden waren gerade dabei, den Platz zu prüfen. Sie schauten sich jeden Quadratmeter der Wiese so genau an, als würden sie gleich Wünschelruten aus ihren Taschen ziehen und Probebohrungen nach einer Heilquelle anstellen wollen. Vor lauter Konzentration bemerkten sie uns nicht. Erst als sie halbwegs zufrieden mit ihrem Standort schienen, schaute der Mann zu uns herüber. Ich winkte ihm kumpelhaft aus dem Auto zu. Reflexartig hob auch er die Hand und lächelte, stoppte aber abrupt auf Hüfthöhe und machte ein Gesicht, als hätte er mit der Zunge plötzlich ein Haar im Mund erfühlt. Er hatte unser Nummernschild gesehen: Deutsche. Ich schaute auf seins: Niederländer. Damit waren die Fronten für den Mann offenbar klar.

Er ließ sich Zeit, in seinen Volvo zu steigen und böswillig nur einen knappen Meter vorzufahren, damit wir gerade noch so auf unseren Platz schlüpfen konnten – direkt neben ihrem. Sie schienen tatsächlich zu überlegen, ob sie nicht doch woanders sesshaft werden sollten. Jedenfalls tuschelten sie ziemlich lange, er im Auto, die Frau zu seinem Fenster hinuntergebeugt. Vielleicht wogen sie den Nachteil, neben Deutschen zu urlauben, gegen die Vorteile ab, die ihr ausgesuchtes Fleckchen an der toskanischen Sonne ihrer Meinung nach bot. Schließlich stieg der Mann wieder aus, koppelte den Wohnwagen ab und rangierte ihn per Fernsteuerung auf seine Parzelle, mühelos und spielend wie ein Junge, der ein Modellauto per Knöpfchendruck beherrscht. So etwas hatten wir noch nie gesehen. Der Wohnwagen gehorchte leise surrend wie ein dressiertes Hündchen. Schließlich kam das rollende Zuhause exakt parallel zur Hecke des Platzes zum Stehen. Die Frau legte einen Fußabstreifer vor die Eingangstür, richtete den Klapptisch im rechten Winkel dazu aus. Seitdem sitzen sie da drüben. Und wir sitzen hier.

Es gäbe eine Gelegenheit, sich näher zu kommen: Ich bräuchte einen Hammer. Der Boden hier ist so hart, dass ich die Heringe beim Zeltaufbauen nicht tief genug hineinstecken konnte. Bei unserer Ankunft versuchte ich es mit einem großen Stein, klopfte die Metallhaken damit aber nur noch krummer. Mit einem Hammer wäre es wohl leicht. Aber ich kann es einfach nicht. Ich bringe es nicht fertig, den alten Mann dort drüben nach Werkzeug zu fragen, nachdem er Birgit und mich mit diesem Ach-so-das-sind-Deutsche-Blick gemustert hat, so ganz und gar nicht nach guter freundlicher Camper-Sitte. Lieber fällt das Zelt zusammen, bevor ich den Kerl um Hilfe bitte. Nicht, dass ich eine Abneigung gegen Niederländer hätte. Aber ich fühle so oft ihre Abneigung gegen mich. Also gehe ich auf die Knie und nehme den ersten Hering in Angriff. Er geht einen Millimeter tief in den Boden, dann ist Schluss, als würden wir über einer betonierten Tiefgarage zelten.

Es ist mir egal, dass die Niederländer Tomaten züchten, die so groß werden wie Tennisbälle, aber nach nichts schmecken. Ich halte sie auch nicht für ein Volk von Marihuana rauchenden Fernsehmoderatoren, das den ganzen Tag mit Holzschuhen auf Hollandrädern um Grachten fährt, jeder ein Wagenrad von Gouda auf dem Gepäckträger. Aber es ist einfach so, dass ich mindestens 40 Jahre zu spät geboren bin, um an manchen Dingen schuld zu sein.

Schon fange ich an zu schwitzen. Der Hering geht nicht hinein. Wahrscheinlich würde der alte Mann mir sowieso keinen Hammer leihen. Er würde wahrscheinlich behaupten, gar keinen zu besitzen. Oder noch schlimmer: Er würde sagen, er habe zwar einen, gebe ihn aber keinem Deutschen. Sicher würde er denken, wenn die Krauts da drüben unbedingt ihren Zeltwall befestigen wollen, dann nicht auf seine Materialkosten. Bestimmt würde er das. Und der Hering geht ums Verrecken nicht hinein. Ein Stein muss her, ich probiere es noch einmal mit Gewalt.

Dabei bin ich ein friedliebender Mensch, ein ehemaliger

Zivildienstleistender – 15 Monate Altenpflege aus Überzeugung. Schon als Kind war ich auf Demonstrationen gegen die Aufrüstung. Ich befürworte die europäische Einigung und die Aussöhnung zwischen den Völkern. Noch nie habe ich einen Menschen aufgrund seiner Nationalität oder sozialen Herkunft, seiner Hautfarbe, Religion oder seines Geschlechtes wegen abschätzig behandelt, noch nicht einmal, wenn er einen schwäbischen oder sächsischen Dialekt hatte. Es ist einfach ungerecht, immer wieder gesagt zu bekommen, man sei ein Hunne.

Es darf nicht wahr sein. Ich muss mir auf die Unterlippe beißen, damit ich nicht laut losschreie. Der Hering geht nicht hinein. Kaum habe ich das Gefühl, jetzt könnte er halbwegs halten, rüttle ich noch einmal daran, und schon fällt er wieder raus. Ich brauche keinen Hammer, sondern die Fernbedienung von diesem Mann. Dann fahre ich mit seinem Wohnwagen so lange über die Heringe und gleich über unser ganzes Zelt, bis alles platt ist wie Holland. Aber sicher würde der Alte nicht einmal mit mir reden wollen. Das kennt man ja. Man muss nur nett ins Gespräch kommen mit einem von ihnen – sobald sie hören, dass man Deutscher ist, ist Schluss. Schon den kleinen Kindern in der Schule trichtern sie nur Negatives ein. Die müssen ja denken, die Deutschen trinken bereits zum Frühstück Bier aus Literkrügen, bauen Lager und hören dabei Marschmusik. Gleichzeitig sind die Niederländer so ein reisefreudiges Volk. Sie kommen so viel herum in der Welt, da müssten sie doch etwas lernen. Sogar über die Deutschen. Gerade auf einem Campingplatz. Jeder zweite Niederländer besitzt einen Wohnwagen oder Camper – was jeder weiß, der einmal im August auf der A8 auf dem Weg von München nach Salzburg im Stau stand. Sollte nicht wenigstens auf dem Campingplatz der Friede möglich sein?

Sind wir da nicht alle Brüder und Schwestern, wenigstens Kumpels, die nichts weiter wollen als irgendwo ein Zelt oder einen Wohnwagen hinzustellen und einen anständigen Klapptisch dazu, an dem man einen Apfel schälen kann, den ganzen Tag lang, ohne sonstige Verpflichtung? Darum geht es doch letztendlich, oder nicht? Das ist Camping. Aber dann fällt mir ein Bericht im italienischen Fernsehen ein, wie sie Niederländer interviewten, die mit ihren Caravans am Gardasee standen. Die sagten, sie verabscheuten Deutschland so sehr, dass sie extra mehrere Ersatzkanister Benzin mitgenommen hatten. Unterwegs nach Italien wollten sie auf keinen Fall bei den Hunnen stoppen müssen, nicht einmal zum Tanken.

So, jetzt reicht es mir. Jetzt gehe ich rüber zu dem alten Mann. Ich sage ihm, dass er seinen blöden Käsehammer von mir aus behalten und damit »Ich hasse Duitsland« auf seine Holzschuhe kloppen kann. Ich sage ihm, dass ich kein bisschen auf ihn angewiesen bin, und dass er ruhig seine Vorurteile pflegen soll, während er seinen hundertsten Apfel schält. Ich sage ihm, dass er seine wässrigen Tomaten selbst essen darf. Dass ich Tulpen nicht ausstehen kann. Und ich sage ihm, jawohl, ich sage ihm, dass Rudi Carrell und Linda de Mol verboten gehören.

Gerade will ich aufstehen, da fällt ein Schatten über mich. Es ist der alte Mann – mit einem Hammer in der Hand.

»Nehme Se den«, sagt er lächelnd, »damit gaat es ein betje leichter.«

John Wayne und wir

Eine unfreundliche Stimme reißt uns aus unserem tiefen Schlaf.

»Hallo, ist da wer?«, herrscht jemand in unser Vorzelt, »kommen Sie sofort raus!«

Zwanzig nach sechs zeigt unsere Uhr, es ist noch kühl. Schlaftrunken stecke ich meinen Kopf aus dem Zelt und schaue direkt ins Maul eines Schäferhunds. Der Hund glotzt mich tumb an. Seine Leine führt zu einem Ranger. Mit Gewehr. Im Anschlag.

Es ist so weit: Wir erleben eine der berüchtigten Ranger-Kontrollen, von denen uns andere Camper schon erzählt haben. Denn unser Iglu steht auf einer der Inseln Hawaiis, im Kokee State Park auf Kauai. Die *campgrounds* dort funktionieren ganz anders als in Europa. Es gibt keine Rezeption, keine nummerierten Plätze, keinen Supermarkt, keine Umzäunung, und meistens ist ein Holzschild, auf dem »Camping« steht, der einzige Hinweis, dass Zelten erlaubt ist. An wundervollen Orten liegen die meisten dieser Parks – an einsamen Sandstränden, an wilden Klippen, in Palmenwäldern. Und nie sind sie überfüllt – im Kokee State Park ist unser Iglu das einzige Zelt. Das gemauerte Toilettenhäuschen mit der auf Hawaii üblichen Freiluftdusche steht uns allein zur Verfügung. Die naturnahe Anlage der Plätze darf aber nicht darüber hinwegtäuschen, dass strenge Regeln herrschen: Gecampt werden darf ausschließlich in den dafür vorgesehenen Arealen, und das auch nur mit einer Genehmigung. Die gibt es bei einer zentralen Stelle auf jeder Insel. Zwischen zwei und fünf Dollar kosten solche *permits* pro Tag. Wer keine hat, zeltet wild, und das mögen die Ranger gar nicht. Deshalb machen sie Kontrollen auf den Campingplätzen. Der Kokee State Park liegt im Innern Kauais auf etwa 1200 Metern Höhe, wo es ziemlich kühl und feucht ist. Vermutlich übernachtet deswegen fast niemand dort: Seit drei Tagen ist der Ordnungshüter der erste Mensch, der außer uns den Platz betritt. Was seinen Auftritt einigermaßen skurril wirken lässt.

»Was machen Sie hier?«, blafft er uns an.

Jochen kratzt sich am Kopf.

»Wir zelten«, sagt er, was sonst soll er schon sagen.

»Das sehe ich auch«, sagt der Ranger erbost.

»Wildes Zelten ist auf allen hawaiischen Inseln streng verboten, wissen Sie das nicht?«

»Oh«, sage ich erleichtert – jetzt weiß ich, was der verärgerte Parkwächter in seiner grünen Uniform will: Wir haben die Genehmigung nicht außen an unser Zelt gehängt, wie es Vorschrift ist. Mitten in der Einsamkeit der Natur erscheinen uns solche Auswüchse der Bürokratie ziemlich lächerlich. Also denken wir immer noch, dass uns der Möchtegern-Sheriff nur ein bisschen erschrecken will, dann aber sicher in Ruhe lassen wird.

»Das ist ein Missverständnis, wir haben eine Genehmigung«, erkläre ich, und will schon ins Zelt kriechen und sie holen. Da befiehlt er tatsächlich, als sei er John Wayne und ich die Freundin Billy the Kids: »Keine Bewegung!«

Halb gebückt erstarre ich. Ungläubig schauen wir den Ranger an.

»Was? Was ist denn?«, fragt Jochen.

Unmissverständlich macht uns der Ranger klar, dass unser Zelt hier an einem völlig verbotenen Platz steht. Die für Campen vorgesehene Zone sei nicht die Wiese, sondern das Feld jenseits des Klohäuschens. Wir haben unser Iglu also fatale 50 Meter zu weit bergab aufgebaut.

»Hier ist eine Picknickzone«, fährt der Uniformierte in seinem militärischen Tonfall fort.

»Sie haben das Gesetz verletzt. Ich konfisziere jetzt Ihre Ausrüstung, und Sie beide bekommen eine Strafe von jeweils 500 Dollar. Im November wird die Gerichtsverhandlung sein.« Ich beginne zu überlegen, ob das alles ein Traum ist, oder ob gleich Paola und Kurt Felix hinter einer Palme hervorhüpfen werden und sagen »Haha, verstehen Sie Spaß? Sie sind in unserer Feriensendung!« Weder noch. Wir sind wach und nicht im Fernsehen. Jochen geht einen Schritt auf den Ranger zu und macht eine beschwichtigende Armbewegung. »Stopp!«, schreit der, »passen Sie auf den Hund auf!« Auf Englisch hört sich das noch viel beeindruckender an:

»Watch the dog!«

Der Schäferhund glotzt. Frisst Gras. Und sieht in etwa so gefährlich aus wie ein Zwerghase. Das Paola-und-Kurt-Felix-Gefühl verstärkt sich. Der Ranger will unsere Ausweise sehen. Zusammen mit den Pässen gibt ihm Jochen sämtliche Campgenehmigungen, die wir haben – für ausnahmslos jeden Tag unserer fünf Wochen in dem Archipel. Wir müssen die Papiere auf den Picknicktisch legen. Von dort nimmt sie der Ordnungshüter, immer einen großen Abstand zu uns wahrend. Er benimmt sich, als seien wir zwei Turban- und Burka-Träger, und als würden auf dem Tisch nicht die Reste vom Abendessen, sondern detaillierte Terrorpläne für die zweite Bombardierung von Pearl Harbour liegen. Sein Gewehr hängt er sich aber wieder um. Blättert in unseren Pässen und notiert eifrig unsere Daten auf seinem Ranger-Strafzettel-Block.

»Hören Sie«, sagt Jochen, »wir dachten wirklich, dass wir hier zelten dürfen. Das Schild dort oben zeigt doch auch in diese Richtung.«

Das Holzschild, klärt uns der Ranger auf, habe irgendjemand verdreht, und er macht kein Hehl daraus, dass er glaubt, wir seien das gewesen. Und nicht nur das. »Das Bier hier haben wohl auch nicht Sie getrunken, Sie Unschuldslämmer«, sagt er höhnisch, und deutet auf den Picknicktisch, wo sich zwei Flaschen Budweiser – die sich eigentlich ohnehin nicht »Bier« nennen dürften – aneinander lehnen.

»Doooch«, sage ich gedehnt.

»You violated the law«, sagt er triumphierend, »Sie haben das Gesetz gebrochen. Sie trinken Alkohol, obwohl das hier verboten ist, dafür könnte ich Ihnen noch mal eine Strafe von 500 Dollar aufbrummen.«

Langsam wird das Ganze ziemlich teuer.

»Packen Sie jetzt endlich Ihr Zelt zusammen. JETZT!«

Er meint es ernst. Diskutieren könnten wir mit dem Richter, sagt er. In Sekundenbruchteilen schießt durch meinen Kopf, was das für uns bedeutet: Wir sind den vierten Tag auf Hawaii, haben noch mehr als vier Wochen vor uns, unsere Ausrüstung ist nagelneu, der Dollar auf seinem Allzeithoch. Wenn wir kein Zelt mehr haben – vielleicht auch nirgendwo ein neues kaufen können – und vier Wochen in hawaiischen Hotels schlafen, müssen wir Konkurs anmelden.

»Ich bin nur das ausführende Organ hier. Und ich muss tun, was ich tun muss«, sagt der Ranger in einem Ton, der weitere Einwände überflüssig macht.

Die Augen des Schäferhunds scheinen zwischenzeitlich fast aus ihren Höhlen zu treten. Der Ranger-Wauwau hat so viel Gras gefressen, dass ihm jetzt schlecht wird. Wir schauen zu, wie er grüne Flusen auswürgt, direkt vor unsere Füße, und ich halte erneut Ausschau nach Paola und Kurt Felix. Als der Hund fertig ist und sich mit hängenden Ohren und glasigem Blick unter den Picknicktisch legt, sagt der Ranger, er würde jetzt die Polizei holen, da wir nicht kooperationsbereit seien.

Es ist kurz vor sieben Uhr morgens, wir sind müde, haben noch nichts gegessen, es ist kühl, vor unseren Zelteingang hat gerade ein Schäferhund gekotzt. Ich fange an zu weinen. Weil das alles so ungerecht ist. Weil der Urlaub so schön werden sollte. Weil wir es wirklich nicht besser wussten. »Das ist nicht fair«, schluchze ich, »nicht fair! Sie machen unseren ganzen Urlaub kaputt. Und wir können gar nichts dafür.«

Die Tränen laufen mir nur so über die Wangen. Der Schäferhund vergräbt seinen Kopf zwischen den Pfoten. Der Ranger schaut mich skeptisch an. Er kramt in unseren Genehmigungen herum.

»Okay«, sagt er nach einer Ewigkeit, »you look like decent people« – »Sie sehen aus wie anständige Leute. Vielleicht kann ich eine Ausnahme machen. Ich gehe jetzt und werde in einer halben Stunde wiederkommen. Dann will ich hier nichts mehr von Ihnen sehen.«

Wir können es kaum glauben. Dann beugt er sich zu uns herüber und sagt in verschwörerischem Tonfall, wir dürften niemandem erzählen, dass er hier war und uns laufen gelassen habe.

»Haben Sie das verstanden?«, bellt er zuletzt – und macht kehrt.

Das haben wir. John Wayne geht so breitbeinig, dass wir fast das Klirren der imaginären Sporen an seinen Fersen hören können, zu seinem Hengst, dem Pick-Up. Der Schäferhund trottet neben ihm her. Der Hüter des Gesetzes hebt seinen gefährlichen vierbeinigen Partner auf die Ladefläche, steigt ein, röhrt davon.

Wir stehen da, Jochen hält unsere Pässe in der Hand. Wir sind völlig verwirrt und können die Vorstellung, die der Ranger samt seiner altersschwachen Töle mitten in der Wildnis gegeben hat, nicht fassen.

Jochen sagt: »Jetzt brauche ich erst mal einen Kaffee.«

Nach dieser seltsamen Begegnung im Morgengrauen bauten wir das Zelt ab und stellten es wie befohlen oberhalb des Toilettenhäuschens wieder auf. Der neue Platz sah haargenau so aus wie der alte – aber nun campten wir gesetzestreu, ordnungsgemäß, keine Regeln verletzend. Wir verbrachten noch zwei weitere Tage im Kokee State Park. Und der Ranger blieb der einzige Mensch, den wir dort trafen.

Schief liegen

Ein großer Unterschied zwischen Zelt und Hotel ist, dass man im Zelt wesentlich engeren Kontakt zu seiner Umwelt hat – deswegen sollte man sich diese genau anschauen, bevor man sich für einen Platz entscheidet. Im Dunkeln ist das manchmal schwierig – und kann zu mehr Überraschungen führen als man je in einem Hotel erlebt. In einer nicht bei Licht betrachteten Pension hat man vielleicht in den Morgenstunden das Gefühl, mitten auf einer viel befahrenen Straße zu liegen. Beim Zelten kann es passieren, dass dieses Gefühl richtig ist.

So ist es uns – meinen Freundinnen Hanne und Tina, unserem einzigen männlichen Begleiter Daniele und mir – auf der Vulkaninsel Stromboli ergangen. Abends um fünf brachen wir auf, um das nächtliche Lava-Spei-Spektakel zu beobachten. Wir stapften die 1000 Höhenmeter hinauf, saßen stundenlang dort oben im Dunkeln und stiegen wieder ab. Gegen zwei Uhr morgens waren wir unten in Stromboli. Wo unsere Verabredung platzte: Ein Bekannter ließ uns nicht wie abgemacht in seinem Ferienhaus schlafen. Wir Mädchen sahen das locker – wozu hatten wir unser Zelt dabei. Aber Daniele wollte nichts davon hören, als wir vorschlugen, einfach am Strand zu übernachten. Er als einziger Mann mit uns dreien, das sei ihm viel zu gefährlich, sagte er.

Wir hatten aber keine andere Wahl. Also tappten wir im Stockfinsteren über den schwarzen Lavasand und suchten nach einer Stelle, an der wir ein Zelt aufbauen konnten. Wir fanden schließlich eine. Unser Held legte sich widerwillig zu unseren Füßen vor den Eingang und brabbelte noch lange irgendetwas von »ihr werdet schon sehen, und ich soll euch dann retten …«

Nach dem anstrengenden Auf- und Abstieg von dem Vulkan schliefen wir einen tiefen Schlaf. Mitten in der Nacht weckte uns ein lauter Schrei unseres Beschützers: »Aarg, sie haben uns, sie haben uns!«, brüllte er und sprang auf, uns blieb fast das Herz stehen. Es stellte sich heraus, dass Daniele eine Fliege ins Ohr geflogen war und er das Brummen für das Säbelrasseln wild gewordener Strandräuber gehalten hatte. Tina, Hanne und ich verkniffen uns ein Lachen.

Am Morgen knallte die sizilianische Sonne früh auf unser Zelt. Zum Glück, denn so flüchteten wir, kaum war es hell, aus unserer Stoffhülle. Und stellten fest, dass wir mitten auf einem befestigten Strandweg standen. Daniele hob zu Tiraden an, dass er gleich gegen das wilde Zelten gewesen sei. Kleinlaut bauten wir unser Iglu ab und gingen baden. Als wir aus dem Wasser kamen, fuhren Motorräder und die für Stromboli typischen Dreiräder genau über die Stelle, an der wir geschlafen hatten – ausgerechnet auf dem Weg zum Fischmarkt.

Auch gemeinsam mit Jochen ist es mir später noch einmal gelungen, eine so unglückliche Stelle im Umkreis von Kilometern zu wählen, dass wir am Morgen ziemlich dumm aus dem Zelt guckten. Wieder war es ein Vulkan. Diesmal wanderten Jochen und ich in den Krater des Haleakala, den größten ruhenden Vulkankrater der Welt, auf der hawaiischen Insel Maui. Anstrengend war diese Tour – und einsam. Als wir den Zeltplatz erreichten, war es schon dunkel. Im schwachen Schein unserer alten Taschenlampen bauten wir unser Iglu auf und waren noch froh über die schöne ebene Fläche, die sich uns bot. Als wir am Morgen aus dem Zelt krochen, merkten wir, dass wir mitten auf einem aus helleren Steinen in den Untergrund gelegten »H« campierten. »H« für Helikopter. Wir hatten mitten auf einem Hubschrauberlandeplatz gezeltet – was in einer Gegend, in der ziemlich oft Ranger anrücken müssen, um halb verdurstete Wanderer aufzusammeln, wirklich gewagt ist.

Nach diesen Erlebnissen ließen wir uns zu Weihnachten Stirnlampen schenken, gegen die das Flutlicht im Münchner Olympiastadion funzelig ist. Seitdem haben wir nie mehr schief gelegen.

Die Pfisters

Wir trafen Herrn Pfister am Walchsee. Oder besser: Er traf uns. Leise plätscherten die Wellen ans Ufer. Zwischen Wasser und Weg war ein perfekter Platz. Hier konnten wir aus unserem Zelt direkt auf das Schilf und einen Steg, auf den See und die Berge schauen. In der anderen Richtung standen nur Wohnwagen. Sie machten nicht den Eindruck, als seien sie in letzter Zeit bewegt worden. Sie waren aufgebockt, ihre Radkästen mit Sperrholz vernagelt, aus den Dächern ragten Satellitenschüsseln, Rüschengardinen verdeckten die Fenster. Niedrige hölzerne Jägerzäune mit Geranienkästen schirmten die Parzellen ab, signalisierten privaten Grund und Boden. Boden, der mit neongrünem Kunststoffrasen und Fußabstreifern ausgelegt war, dort, wo einst die Wiese blühte. Manchmal steckte auch ein Mast darin, an dem schlaff die bayerische Rautenfahne hing. Vorzelte, viermal so groß wie unser Iglu, wucherten in allen Farben an den rollenden Einfamilien-Containern. Manchmal gab es ein gelbes Schild »Hier wache ich!« mit der Darstellung eines hechelnden Schäferhundes.

Topfpflanzen in Makramee-Hängern und Holzkohlegrills flankierten die Eingänge, hier und da auch Gartenzwerge oder ein herrschaftliches Ensemble von steinernen bayerischen Löwen mit Wappen. Ein Radio spielte blecherne Blasmusik. Wir sahen eine Frau mit einem Staubsauger hantieren. Sie zupfte ihre Kittelschürze zurecht, die sie über einem

Bikini trug. Sie dürfte so um die sechzig gewesen sein. Genau wie ihr Mann – Herr Pfister.

Er saß in einem Klappstuhl mit eingebauten Getränkehalterungen in den Armlehnen und las die »Abendzeitung«. Zu seinen Füßen döste ein Rauhaardackel. Hinter ihm baumelte eine runde Aufhängung zum Wäschetrocknen vom Vorzeltdach. Beige Socken, Netzstrümpfe und geblümte Schlüpfer waren daran geklammert. Die Regenrinne des Wohnwagens hatte Herr Pfister mit Stacheldraht ausgelegt, vielleicht gegen die Spatzen. Sein Auto war unter einer grauen Plane verpackt, liebevoll wie ein Geschenk. Hin und wieder schaute er zu uns herüber. Als wir unser Zelt auswickelten, stand er auf. Er trug eine Badehose und Sandalen mit weißen Socken. In seinem grauen Brusthaar verhedderte sich eine goldene Kette mit rundem Christophorus-Anhänger. Er kam langsam auf uns zu.

»Hallo«, sagte er, »alles klar?«

»Hallo. Und bei Ihnen?«

»Soweit schon.«

Wir dachten, jetzt würde eine Tirade losgehen. Denn vor unserem Auftauchen hatte der Mann noch direkt in den Sonnenuntergang hinterm See geblinzelt, nun versperrten wir ihm die Sicht. Aber Herr Pfister war ganz freundlich. Er seufzte, dann fing er umständlich an zu erzählen. Er kam aus Mannheim. Seit 20 Jahren verbrachte er jeden Sommer hier am Fuß des österreichischen Kaisergebirges. Am Anfang noch in einem kleinen Zelt wie unserem – der sentimentale Grund, warum er uns überhaupt angesprochen hatte. In den siebziger Jahren, mit seiner Frau, kaufte er einen VW-Bus, den er eigenhändig zum Campingmobil umbaute. Auf diese Behausung folgte ein Wohnwagen, den die Pfisters irgendwann für immer am Walchsee stehen ließen, sie fuhren ja doch nirgendwo anders mehr hin. Sie installierten sich eine zweite Heimat. Und so überzeugt, wie Herr Pfister von dieser Entscheidung erzählte, klang es wie die einzig logische Entwicklung im Leben eines Campers: Man sucht nach immer komfortableren Übernachtungsmöglichkeiten im Rahmen der geliebten Mobilität – bis man schließlich sesshaft wird. An dieser Stelle hakten Birgit und ich natürlich ein und widersprachen Herrn Pfister heftig. Wir, die Freien und Ungebundenen, der Erde und dem Himmel so nah – wir würden uns doch niemals in so einen Schrebergarten hocken. Wir bauten uns eine Bleibe, wo es uns gerade passte. Schließlich brauchten wir auf Reisen weder Satellitenschüssel noch Fußabstreifer.

Herr Pfister lachte. In seiner Jugend habe er auch so gedacht. Wir sollten erst einmal in sein Alter kommen und seine Kreuzschmerzen kriegen, dann würden wir von selbst bequemer und wählerischer werden. Und froh sein über die immer gleichen, verlässlichen Leute um uns herum, die aufpassen, was auf dem Platz vor sich geht, bei jeder Ankunft ein großes Hallo veranstalten und am Abend die Korken knallen lassen. Damit überzeugte uns Herr Pfister keineswegs. Das machte aber nichts. Es war der Beginn einer guten Nachbarschaft. Deshalb nahmen wir auch seine Einladung an, nach dem Zeltaufbau ein kaltes Bier bei ihm zu trinken. Strom für einen Kühlschrank – noch so ein Vorteil der Reihenhaus-Camper.

Frau Pfister strich das Wachstischtuch glatt, das mit kleinen Gewichten in Form von Kirschen gegen den Wind gesichert war. Wasser trank sie aus einem ehemaligen Senfglas mit Pumuckl vorne drauf. Das Bier brachte sie in schlichten Krügen mit Zinndeckeln aus ihrer Küche im Wohnwagen. Sie waren altbayerisch eingerichtet, mit Schränkchen aus furniertem Zirbelimitat. In einem Regal stand eine Sammlung Schnapsgläser. Sie hatten einen riesigen Fernseher in ihrer Essecke stehen, den sie dank eines Verlängerungskabels auch im Freien aufstellen konnten. Der Rauhaardackel nächtigte auf einem Rüschenkissen, auf das sein Name Lumpi gestickt war. Eigentlich wollte Frau Pfister noch schnell ums Auto herum saugen – »bevor ich mich ausruhen darf«, wie sie sagte. Aber schließlich, auch weil es ihr Mann so wollte, setzte sie sich doch mit an den Tisch. Die beiden schienen ein harmonisches Leben zu führen.

Wir redeten ein bisschen über das Wetter, den Walchsee und was wir so arbeiteten. Es war ein belangloses kleines Campingplatzgespräch. Nur einmal legte sich ein trauriger Schatten über das Gesicht von Herrn Pfister – als es um seine Tochter ging. Die sei früher auch immer dabei gewesen im Wohnwagen. Sie habe das Schwimmen im Walchsee gelernt. Das Boccia-Spiel an seinem Ufer. Wahrscheinlich sogar das Küssen. Aber heute wolle sie davon nichts mehr wissen. Herr Pfister sagte, er lade sie immer wieder ein, mit ihrem Mann und den Kindern ein paar Tage auf dem Campingplatz zu verbringen. Aber sie habe keine Lust, mache lieber Urlaub auf Mallorca.

»In einem Hotelkasten«, sagte Herr Pfister und schüttelte den Kopf, »wie in einem Bunker.«

So wollte er schon trübsinnig werden. Doch seine Frau heiterte ihn auf, mit einem Erdbeerkuchen. Bei dem Ehepaar nebenan war nun auch Kaffeezeit. Ein Mann in Shorts und Sonnenhut grüßte herüber, Schorsch, der die Pfisters zum Kartenspiel einlud. Natürlich sagten sie zu. Sie saßen sowieso jeden Abend bei einem der Nachbarn, grillten und tranken Wein. Oder Bier. Oder Schnaps. Ob ihnen das nicht irgendwann zu eng werde, fragten wir die beiden. Frau Pfister antwortete nur: »Unsere Parzelle ist doch groß genug.«

Sie verstanden nicht, was wir meinten. Aber so langsam verstanden wir sie: Die Pfisters liebten ihre eigene kleine Welt. Sie waren noch niemals auf Hawaii, wussten nicht, dass es einen Unterschied zwischen Tahiti und Haiti gibt. Sie hatten nie den dumpfen Klang einer Kokosnuss gehört, die nachts von einem Baum fällt. Nie den Wind gerochen, der über den Pazifik kommt. Sie hatten nie Korallenstaub zwischen den Zehen gehabt, nie die untergehende Sonne der Südsee im Gesicht. Und es war ihnen so was von egal. Frau Pfister sagte: »Hier ist es doch schön. Und schöner als schön geht nicht, oder?«

Wir kauten wortlos unseren Erdbeerkuchen.

Ein Kilo Dreck ist gesund

Als Emanuele zurückkam, war er sauer. Und um ihn wirklich zu verärgern, muss man sich sehr, sehr anstrengen. Denn Emanuele ist sanftmütig, freundlich, hilfsbereit, freigebig und geduldig. Während meines Studiums in Rom wurde er zu einem meiner besten Freunde. Eine Seele von einem Menschen. Wäre er das nicht, er hätte sich niemals dazu überreden lassen, mit uns – einer Deutschen, einem Sizilianer, einer Österreicherin, einer Belgierin und einer Südtirolerin und einem Zelt vier Wochen lang nach Sizilien zu fahren. Denn Emanuele hasst zelten.

Er ist das, was man einen Feingeist nennt. Kurze Hosen zieht er nur im größten Notfall an, niemals wird Brot zu Pasta gegessen, den Kaffee kauft er ausschließlich bei Castroni in der Via Cola di Rienzo, und er legt viel Wert auf gute Manieren. Er ist so konsequent pünktlich und seine Studienunterlagen waren stets so ordentlich, dass wir alle ihm schon gesagt haben, der eigentliche Deutsche in unserer Runde sei er. Lange hat es gedauert, bis er sich breitschlagen ließ, mitzufahren. Mit Rucksack und Zelt, Fährschiffen, Zügen und Bussen. Die Aussicht auf dieses für ihn recht zweifelhafte Abenteuer erschien ihm alles andere als verlockend. »Ma Birgit, non lo so«, sagte er, »ich weiß nicht so recht.« »Non penso che mi piaccia«, »ich glaube nicht, dass mir das gefällt.«

Aber schließlich willigte er doch ein, und so trafen wir uns mit ihm, dort, wo er sich im August gerne aufhält: im Haus seiner Tante auf Filicudi, einer der Äolischen Inseln. Mit weitläufigen, schattigen Terrassen, auf denen man in Hängematten dösen kann, mit einem gepflegten Drink in der Hand, mit einer Aussicht über die anderen Inseln und das weite blaue Meer, mit fünf Schlaf- und wundervollen Badezimmern. So urlaubt Emanuele für gewöhnlich. Eine Woche lang verbrachten wir mit ihm in diesem Luxus. Und dann ging es los.

Wäre er nicht so sanftmütig, er hätte schon auf Stromboli die Rückreise nach Rom angetreten, denn auf der Vulkaninsel stellte sich heraus, dass die beiden Mädchen, mit denen er eigentlich ein Zelt teilen sollte, ebendieses Zelt vergessen hatten. Doch Emanuele blieb. Als das Meer immer aufgewühlter wurde, und wir auf dem Weg nach Sizilien auf Salina festsaßen, einer anderen Äolischen Insel, schlief er mit uns auf der gefliesten Terrasse von Freunden, die dort Urlaub machten. Er kam mit nach Messina, wo wir so spät anlegten, dass wir nicht mehr weiterkamen, und deshalb auf dem Bahnsteig übernachten mussten. Er meckerte nicht, als Arbeiter die Züge neben uns rangierten, um sie auf die Fähren zum Festland zu verladen, und sich dicke Dieselwolken über uns legten.

Mit nur leicht verzweifelter Miene rollte er am nächsten Abend seine Isomatte in Cefalù aus, im Staub des Campingplatzes, zog sich auf der Toilette seinen Seidenpyjama an und schlüpfte in seinen Schlafsack. Als sich nach ein paar Tagen auf seinen Händen kleine Bläschen bildeten, jammerte er nicht. Nur ab und zu blickte er mit gerunzelter Stirn auf seine Handrücken, die sich langsam rot färbten. Erst als sich die kleinen Pusteln auch auf seiner Schulter zeigten, begann Emanuele, besorgt zu fragen, ob jemand von uns, die wir ja öfter auf so abartige Weise reisten, schon einmal einen solchen Ausschlag gesehen habe. Wir mussten dies verneinen. Immer weiter breiteten sich die Flecken auf seinem Körper aus, ein paar zeigten sich an den Knien, einige an den Knöcheln, ein breiter Pustelstreifen legte sich über seinen Brustkorb. Doch am schlimmsten waren die Hände. Es sah aus, als habe man einen Sack südamerikanischer Sandflöhe über dem Armen ausgeschüttet. Wir besorgten ihm Eiswürfel aus den Bars, um das Jucken zu mildern, gaben ihm von unseren kühlenden Sonnenbrand-Gels – die Pusteln blieben unverändert. Aber Emanuele klagte nicht.

Doch jetzt, nach zehn Tagen des Schlafens ohne Bett, ohne Matratze, ohne Zelt, zehn Tagen mit immer mehr Pusteln und Beulen, jetzt war er sauer, das konnten wir sehen. Wir waren in Agrigento, doch statt sich mit uns in sengender Hitze die alten griechischen Tempel anzusehen, war Emanuele zum Arzt gegangen, weil er das Jucken und Brennen nicht mehr ausgehalten hatte. Und musste die größte Schmach seines Lebens hinnehmen. Der Arzt blickte ihn, wie Emanuele später voller Entsetzen erzählte, leicht angeekelt an. Und fragte ihn, wie er denn unterwegs sei. Emanuele war zu seiner Schande genötigt zu antworten, er reise mit nichts anderem als Schlafsack und Isomatte, nein, nicht einmal ein Zelt habe er, als Bett dienten ihm seit zehn Tagen harter Campingplatzboden, noch härtere Bahnsteigränder oder die geflieste Terrasse von Freunden. Der Widerwille im Blick des Arztes wurde noch größer, so die atemlose Erzählung unseres Freundes, und er sagte doch tatsächlich zu ihm:

»Was wunderst du dich über einen Ausschlag, wenn du die ganze Zeit im Dreck schläfst?«

»Lo dice a me!«, rief Emanuele, »das sagt er mir!«

Keiner von uns wollte so recht glauben, dass die Pusteln und Pickel wirklich vom Schlafen auf dem Boden kamen, wir waren ja wohl keine Wilden, nur weil wir nicht in Hotels übernachteten. »Wie könnt ihr nur so herumreisen«, rief er. »Wir leben im 20. Jahrhundert, der Mensch ist nicht mehr dafür gemacht, auf dem Boden, im Dreck zu schlafen. Die Römer haben schon vor 2000 Jahren mehr auf Hygiene geachtet als jeder Camper auf diesen Plätzen, wo man nur mit Schuhen duschen kann, überall fremde Haare in den Waschbecken liegen, nie Klopapier in den Toiletten zu finden und von einem Bidet oder Seife weit und breit nichts zu sehen ist. Sono romano! Ich bin Römer! Ich bin zivilisiert! Mein Volk hat schon Wasserleitungen gebaut, als ihr Barbaren aus dem Norden noch auf den Bäumen gewohnt habt! Ich ertrage dieses Leben im Dreck nicht!«

Mein Einwand, er müsse doch nur noch eine einzige Nacht auf dem Campingplatz durchhalten, um am nächsten Tag mit zu dem Strandhaus zu fahren, das den Eltern eines unserer Freunde gehörte, vermochte nicht, ihn umzustimmen. Eine Woche lang könnte er dort in einem Bett schlafen, auf einer Matratze, in seinem Pyjama, und die Pusteln, woher auch immer sie gekommen waren, würden von selbst verschwinden – egal.

Ich persönlich fand nicht, dass wir so sehr im Dreck herumlagen, erzählte aber schließlich, dass meine katholische Kindergärtnerin, die Nonne Schwester Margot, immer gesagt hatte, ein Kilo Dreck im Jahr sei gesund. Emanuele verdrehte die Augen und hob die Hände gen Himmel.

»Ma Birgit!«, rief er, und das ohnehin von Italienern schon sehr intensiv gerollte »R« in meinem Namen klang aus seinem Mund wie dunkles Donnergrollen.

»Ma come fai a viaggiare così!!«, »wie schaffst du es nur, so zu reisen!!« Und mit jedem Wort wurde die Tonlage ein bisschen höher, bis sich seine Stimme im letzten »I« schließlich überschlug. Unsere Nachbarn lugten hinter einem Busch zu uns herüber.

Emanuele wollte nicht mehr. Er packte Rucksack und Seidenpyjama zusammen, stopfte Isomatte samt Schlafsack in den nächsten Mülleimer, fuhr zum Flughafen, kaufte sich ein Ticket und flog zurück nach Rom. Die beiden Mädchen, die das Zelt vergessen hatten, bekamen ein fürchterlich schlechtes Gewissen, weil sie dachten, sie hätten Schuld an Emanueles Ausschlag. Ihretwegen hatte er schließlich im Dreck schlafen müssen, sie hatten versprochen, sich um ein Zelt zu kümmern, und nun war er krank geworden, womöglich tatsächlich wegen des Staubs in dieser Hitze, hatte diese sonderbaren Pusteln, die sich immer mehr ausbreiteten, war am Ende gezeichnet für sein Leben.

In Rom ging Emanuele in eine Hautklinik. Dort stellte ein Professore fest, dass es sich bei dem Ausschlag ohne Zweifel um eine Allergie handelte. Emanuele schämte sich zu sehr, um zu erzählen, dass es sicher eine Dreckallergie war, die sich wie Schwären auf seiner zarten Haut zeigte, und so machte sich der Professore auf die Suche. Und fand heraus, dass Emanueles Krankheit schon in der ersten Woche unserer Reise begonnen hatte, als wir noch in dem Haus seiner

Tante wohnten – mit der wundervollen Terrasse, den luxuriösen Schlaf- und Badezimmern. Denn dort hatte Emanuele seine Schulter mit einem Sportverletzungs-Gel behandelt, weil er beim Sprung von einem Boot ins Wasser auf einem Felsen aufgeschlagen war. Das Gel vertrug sich überhaupt nicht mit starker Sonneneinstrahlung, schon gar nicht mit tagelanger sizilianischer August-Sonne. Die Pusteln waren überall dort aufgetaucht, wo ein bisschen von dem Gel an seine Haut gelangt war – nämlich um seine Mückenstiche herum, an denen er sich gleich nach dem Eincremen gekratzt hatte.

Als wir eine Woche später nach Rom zurückkamen, saß Emanuele in seiner Wohnung, mit abgedunkelten Fenstern, mit Salbenverbänden um Schulter, Brustkorb, Knie und Knöchel, und trug weiße Handschuhe. Mit Grabesstimme erzählte er uns von seiner Heimreise mit den juckenden Pusteln und den schiefen Blicken der schönen jungen Sizilianerin, die im Flugzeug neben ihm gesessen hatte. Er erzählte uns, was der römische Professore herausgefunden hatte und hielt uns während seiner gesamten Rede anklagend eine seiner weiß behandschuhten Hände entgegen.

Als wir ihm sagten, dass uns der Ausgang der Reise für ihn sehr leid täte, aber zum Glück ja nun doch nicht der vermeintlich krankheitserregende Dreck schuld an seinen Pusteln sei und er deshalb unbedingt mitkommen müsse nach Kalabrien, wo wir als nächstes hinfahren wollten, antwortete er uns nicht. Wir sind immer noch sehr gute Freunde. Aber Emanuele ist nie wieder mit uns Zelten gefahren.

Leatherman und die Titanen unter den Töpfen

Die Düse des Benzinkochers war verstopft, das Ventil klemmte, und ich fragte unseren Nachbarn, ob er vielleicht ein Werkzeug habe.

»Was meinst du genau?«, fragte er, »Zange, Ahle, Schraubenzieher? Mittel, groß, Kreuzschlitz?«

Er sprach eigentlich mehr zu Birgit als zu mir und lächelte dabei triumphierend. Schon bereute ich meine Frage, die plötzlich zum alten Männerproblem wurde: Wer ist der Klügere, Stärkere, besser Ausgerüstete? Kein Mann fragt gerne einen anderen Mann nach dem Weg. Und niemand will sich vor seiner Frau als Versager vorführen lassen, der nicht mal ein Ventil abschrauben kann. Das ist so lange keine Affäre, wie der andere einfach nett und hilfsbereit bleibt. Aber der hier – Tom, ein Physikstudent aus Wien, der gleichzeitig mit uns auf dem Campingplatz bei Landeck im Inntal angekommen war – kostete die Situation voll aus, als seien wir Hirsche, die sich am Abend auf einer Waldlichtung begegnen und gleich einen Revierkampf beginnen.

Aus seinen Shorts zog er ein blaues Teil, nicht größer als ein Klappmesser: einen Leatherman, eine Art Werkzeugkasten für die Hosentasche. »Nimm einfach das. Ist alles dran.«

Während ich zugriff, hielt Tom einen Vortrag über die Eigenschaften seines Wunderdings, als sei er einer dieser Gurkenhobel-Marktschreier, wie sie sonst vor Kaufhäusern stehen: »Edelstahl mit eloxierten Aluminiumgriffschalen«, referierte er, »nur 8,3 Zentimeter klein im geschlossenen Zustand, von der Säge bis zum Uhrmacherschraubenzieher alles, was du brauchst, 156 Gramm.«

Ich pulte ein Instrument nach dem anderen aus den eloxierten Aluminiumgriffschalen, um das passende zu finden. Ein Fingernagel riss. Schließlich entschied ich mich für einen Schraubenzieher.

»Die werden mit einer Toleranz gefertigt, die im Tausendstel-Zoll-Bereich liegt, Laser-Micrometer-geprüft«, sagte Tom. Eins musste man ihm lassen: Er war der beste Beweis gegen das Vorurteil, Zelten sei primitiv.

Es gibt ja viele Menschen, die bei der Vorstellung, unter einer Plane unter freiem Himmel zu liegen, an Verzicht und Entbehrung denken. Das sind Menschen, die nur in Hotels übernachten und sich am All-you-can-eat-Buffet mit wohligem Schauder an ihre Jugend erinnern: »Gott sei Dank haben wir Campingplätze nicht mehr nötig.«

Diese Ahnungslosen waren noch nie in einem dieser Outdoor-Einkaufsparadiese am Stadtrand, wo der Zelter mit allem Frischluft-Luxus verwöhnt wird – wenngleich auch in zwei Zelt-Lager gespalten: Die einen verfallen beim Ausrüster dem Minimalismus, die anderen der Gigantomanie. Birgit und ich gehören zu Ersteren. Wir lieben es, unser Gepäck mit Faltschüsseln zu atomisieren und mit Schlafsäcken, die sich auf die Größe eines Paars Socken zusammenrollen lassen. Allein unsere Mitnehm-Küche! Im Wesentlichen besteht sie aus zwei unterschiedlich großen, ultraleichten Titan-Töpfen und einer kleinen Pfanne mit schnell abwaschbarer Teflonbeschichtung. Aber diese Pötte würden uns nicht halb so viel Spaß machen, hätten wir nicht unseren geliebten schwarzen Pfannkuchenwender, den man wie beim japanischen Konzentrationsspiel Origami bis zu den Abmessungen einer Zigarettenschachtel zusammenfalten kann. Dieses Ding ist die Schau auf jedem Zeltplatz. Wenn sich wieder mal ein Nachbar die Finger verbrennt, weil er seine Spaghetti im kochenden Wasser mit einer Gabel umrühren muss, und seine Freundin dann neidisch sagt »Schau mal, was die da drüben haben« –, dann kann ich es mir einfach nicht verkneifen. Dann habe auch ich dieses Camper-typische Hirsch-Gefühl: Stärke, Stolz, der König des Campingplatzes zu sein. Toll sind auch unsere anderen so simplen wie raffinierten Utensilien: robuste Schalen und Besteck aus Plastik, isolierte Becher, in denen Getränke warm oder kalt bleiben, und vor allem unsere Behälter für Pfeffer und Salz: Filmdöschen mit Löchern in den Deckeln.

Kocher haben wir gleich zwei. Einen, der mit Gaskartuschen funktioniert, und einen Benziner, den wir in Gegenden mitnehmen, in denen es statt Supermärkten mit Campingbedarf nur Tankstellen gibt. Abends, wenn der Kocher am Strand der Südsee schnaubt, und morgens, wenn wir frischen Kaffee und Rühreier machen, wenn es sein müsste mitten im hintersten Unterholz im schwärzesten Wald, trägt unser eigener Herd ganz wesentlich zu diesem wunderbaren Gefühl der Unabhängigkeit bei, zu diesem Gefühl, in der Ferne zu Hause zu sein.

Die andere Spezies von Zeltern klont ihr Zuhause eins zu eins. Gigantomanen des Campings kaufen kleine Kühlschränke, die sie am Zigarettenanzünder ihres Autos anschließen, wuchten tragbare Fernseher aus dem Kofferraum oder Laptops zum Betrachten von Spielfilm-DVDs, entfalten riesige Klappsessel mit Fußrasten und justieren ihre Satellitenschüsseln auf die Sportschau.

Unser Nachbar Tom war wohl eine Kreuzung aus beiden Zelter-Typen. Und Anhänger einer Philosophie, deren Kernaussage eigentlich in Marmor gemeißelt und mit Goldlettern geschrieben über die Eingänge aller Campingwarenlager gehängt gehört, auf kleine Messingschildchen geätzt und auf jeden Rucksack genäht: »Wer viel mitnimmt, hat alles dabei.«

Wobei das natürlich relativ ist. Denn der wirklich begeisterte Camper hat grundsätzlich nie alles. Er besitzt immer nur einen kleinen Ausschnitt aus dem mannigfaltigen, laufend Neuigkeiten bringenden, immer ausgefuchster werdenden Bestand an intelligentem Equipment. Von seinen natürlichen Anlagen her ist der Zelter ein Mensch, der permanent nach größtmöglicher Vollkommenheit seiner Habe strebt – im Minimalistischen wie im Gigantomanischen. Und was er hat, packt er jedes Mal komplett ein, für alle Fälle, auch wenn er nur übers Wochenende nach Österreich fährt.

Tom war ein besonders prächtiges Exemplar eines fein ausgestatteten Supercampers. Das Inntal konnte ihn nun wirklich mit keiner Situation überraschen, die er nicht sofort durch den Einsatz technischer Hilfsmittel gemeistert hätte. Aber im Moment wartete er darauf, dass seine Freundin vom Baden zurückkehrte. Er war sichtlich froh, jemanden zum Reden gefunden zu haben, uns, denen er sein Top-Equipment in allen Einzelheiten vorführen konnte. Es schien, als könnten wir einpacken.

Tom und seine Freundin schliefen in einem extraleichten Zweimannzelt von der Grundfläche eines Badetuchs, das sogar auf der schmalsten Felsleiste Platz gehabt hätte und sich mit extrem wenigen Handgriffen von innen aufrichten ließ. Es gab nur zwei gleich große Aluminiumstangen in

Klipphalterungen, dafür gemacht, dass man beim Gipfelsturm auf einen Fünftausender nicht einmal seine Fausthandschuhe ausziehen müsste. Ich grummelte in mich hinein: »Na ja, wer's braucht.« Aber in Wirklichkeit war ich schon ein bisschen neidisch.

Um viel Platz und aufrechtes Sitzen im Zelt zu garantieren, waren die Wände besonders steil. Aber Tom sagte nicht »Wände«, sondern »Membrane«, denn das Material – eine Mischung aus Polyester, Nylon und Polytetrafluorethylen – war absolut wasserdicht, windabweisend, atmungsaktiv und geräuscharm bis Windstärke sechs. Außerdem war das Zelt aus einem großen Stück gefertigt, dadurch hundertprozentig dicht. Pflöcke aus Titan hielten Toms Hütte am Boden. Die Zeltschnüre waren mit Drahtkernen verstärkt und reflektierten neongrün, damit nachts niemand auf dem Weg zur Toilette stolperte.

Nach der Hausbesichtigung verwickelte Tom Birgit in eine ausgiebige Diskussion über spezielle Produkte für Frauen. Ich bekam Phantom-Jucken in meinem imaginären Geweih. Zum Glück besaß Birgit bereits einen femininen Rucksack, auf schmalere Schultern zugeschnitten. So musste Tom sie nur noch von der Anschaffung einer besonderen Matratze überzeugen, die dem Umriss eines weiblichen Körpers entspricht und aufgrund der Kürze und Aussparungen um die Taille herum weniger wiegt als eine Unterlage für Männer. Seine Freundin hatte so eine Matte, die er uns natürlich demonstrierte. Und weil er gerade dabei war, empfahl er Birgit auch gleich noch den birnenförmigen Frauen-Schlafsack mit Zusatzisolierung in kritischen Wärmeverlustzonen und Taschen für chemische Wärmepackungen im geschlechtsspezifisch dauerunterkühlten Fußbereich. Danach hatten wir eigentlich genug Stoff, um dem Weihnachtsmann bis zu unserer Rente Wunschzettel zu schreiben. Aber Tom hatte noch weitaus mehr zu bieten. Er bestand darauf, dass wir mit ihm und seiner inzwischen zurückgekehrten Freundin Susanne zu Abend aßen.

»Ich bringe unseren neuen Benzinkocher mit, dann geht es schneller«, versuchte ich aufzutrumpfen.

Doch Hilfe hatte Tom nicht nötig. Hinter seinem Zelt hatte er einen rollbaren Herd mit drei mächtigen, versenkbaren Windfängen aus Plexiglas aufgebaut, der über zwei Kochfelder und einen integrierten Holzkohlegrill verfügte. Diese Feldküche, erklärte Tom bescheiden, nehme er natürlich nur mit, wenn er mit Auto und Anhänger unterwegs sei. Der Herd war schwarz und verchromt wie eine Harley Davidson.

»Voilà!«, rief Tom, »ein halber Quadratmeter Kochfläche – der Camp-Chef Doubleburner.«

In der Abenddämmerung standen sich zwei Hirsche gegenüber. Sie röhrten und rannten los. Die Geweihe krachten ineinander. Und ich war besiegt. Mit hängendem Kopf lauschte ich Toms Ausführungen. Befeuert mit wahlweise Propan oder unverbleitem Benzin durch einen Hochdruckregulator, versprach das kraftstrotzende Kochmöbel, einen Liter kaltes Quellwasser in weniger als einer Minute dreißig zum Kochen zu bringen.

Es sollte gegrillte Steaks und gekochte Kartoffeln geben. Während Tom Wasser holte – wir wunderten uns, dass er nicht auch noch über einen faltbaren eloxierten Hahn verfügte, den er einfach in den Boden rammen konnte, auf dass es von selber sprudelte –, war Birgits, Susannes und mein Job, den Klapptisch zu decken. Es gab sogar Weingläser – aus geschmacksneutralem Lexan, einer besonders robusten, dabei äußerst leichten Kunststoffsorte. Wir mussten nur noch die Kelche auf die Stiele schrauben.

»Na?«, sagte Tom.

Susanne lächelte bewundernd. Birgit und ich warfen uns insgeheim einen Blick zu. Und schon konnte das lukullische Feuerwerk mit doppeltem Burner-Antrieb beginnen. Tom wollte den Holzkohlegrill mit stilechtem High-Tech-Trara zünden. Er präsentierte einen bräunlichen Klumpen, den er hoch über die Tischplatte hielt, wie die Freiheitsstatue ihre Fackel: »Ein japanischer Zunderwürfel. Riecht nicht, brennt sogar im strömenden Regen, wird 700 Grad heiß – heißer als die Hölle.«

Er griff in die Hosentaschen. Links. Rechts. Runzelte die Stirn. Hob seinen Lexan-Teller an, patschte sich an die Brusttasche seines Hemdes. Das siegessichere Lächeln verrutschte. Mit offenem Mund sah er Susanne an, die zuckte nur mit den Achseln. Da spürte ich in mir ein warmes Gefühl der Freude. Eine Verwandlung setzte ein. So lange hatte Tom den Platz dominiert. Aber endlich, endlich spürte ich wieder mein Geweih. Es wuchs. Zehn, elf – ich war ein Zwölfender. Das Hirschgefühl war wieder da. Dann warf ich ihm mein Feuerzeug über den Tisch zu.

»Nimm einfach das. Ist alles dran.«

Wir lachten, dass der Wein in den Lexan-Kelchen schwappte. Es wurde eine lustige, lange Nacht.

Der Südseetraum

Vielleicht ist Zelten doch blöd. Das dachten wir bei unserer Ankunft auf der französisch-polynesischen Insel Moorea, als wir in der klitzekleinen Flughafenhalle standen, die nichts weiter war als eine Bambushütte mit hölzernen Schaltern rundherum. Schaltern von Hotels. Großen Hotels. Dahinter stand das, was gemeinhin als »Südsee-Schönheit« bezeichnet wird: Junge Mädchen mit nichts als einem Tuch um den zierlichen Leib gewickelt, langen schwarzen Haaren und Blumen hinter den Ohren. Sie hielten bunte *leis* in den Händen, Blütenketten, die einen schweren, süßlichen Duft verströmten. Den Duft der Südsee.

Die meisten Passagiere, die mit uns ankamen, hatten Ledergepäck, auf das die Initialen des Designers geprägt waren. Gewandet waren sie in luftig-leichte Sommerkleider, die Frauen sahen aus wie die grellrotlippige Blonde aus der Raffaello-Werbung. Zielstrebig gingen alle, die mit uns aus dem kleinen Inselhopper quollen, auf einen der Schalter zu, bekamen eine bis fünf *leis* um den Hals gehängt, ein heißes Handtuch, um sich den Reisestaub aus dem Gesicht zu wischen, und einen Mai-Tai-Cocktail zur Begrüßung. Unter Ukulele-Klängen wurden sie dann zu Booten geleitet, auf denen sie davonglitten, ihren Domizilen entgegen, mit Namen, in denen entweder »Eden«, »Pearl« oder »Paradise« vorkam.

Der ganze Ukulele-Blumenketten-Mai-Tai-Zauber dauerte keine zehn Minuten. Dann blieben nur Jochen und ich übrig. Wir hatten unsere Trekking-Klamotten an, und unser Gepäck bestand aus zwei Rucksäcken und einem Seesack, in dem die Campingausrüstung reiste. Die Flughafenangestellten, die die von den *leis* abgefallenen Blüten zusammenkehrten, beäugten uns schräg. Keine Kette für uns, kein Handtuch, kein Cocktail. Und das nach 30 Stunden in Flugzeugen, Transferhallen und Warteräumen.

Müde suchten wir nach *le truck,* dem öffentlichen Bus, der uns schließlich zu einem Campingplatz brachte. Auf dem Weg dorthin fuhren wir an den »Eden-«, »Pearl-« und »Paradise«-Resorts vorbei. In Palmenhainen lagen bezaubernde Hüttchen verstreut, und ebenso hinreißende Mini-Bungalows standen auf Stelzen im Meer, verbunden mit kleinen Holzstegen. Dazwischen wandelten ebenfalls tuchumwickelte schwarzhaarige Mädchen mit Stapeln von weißen Handtüchern auf den Armen herum. Zimmerservice. Wir saßen schwitzend im nicht einmal belüfteten *truck* und spürten, wie unsere Campingleidenschaft ein kleines bisschen nachließ.

Wir erreichten den Campingplatz, und anderthalb Tage, nachdem wir unsere Münchner Wohnung verlassen hatten, stand unser Zelt. Wir genehmigten uns einen Gin Tonic und gingen schlafen, in sanfte Träume gespült vom Meeresrauschen. Am nächsten Tag sahen wir erst, wo wir angekommen waren: an einem Palmenstrand mit einigen kleinen, sehr spartanisch aussehenden Hütten. Nahe am Wasser stand ein langgezogenes Gebäude mit einer schattigen Terrasse und Picknicktischen. Darin waren zwei saubere Küchen. Es gab funktionierende Gasherde und sogar Kühlschränke. Unser Zeltplatz hieß weder »Eden« noch »Pearl« noch »Paradise«. Aber er hätte einen solchen Namen wohl verdient gehabt. Am Strand wiegten sich schlanke Kokospalmen im Wind, unter einer saß ein junger Polynesier und übte auf einer Ukulele. Na also.

Wir sprangen in die türkisfarbene Lagune, schnorchelten ein bisschen herum und brachen dann zu einem ausgedehnten Spaziergang den Strand entlang auf. So gelangten wir zu den Hotels, die wir am Vortag im Vorbeifahren bewundert hatten. In der Schönheit der Südsee haben die Hotelketten eine Mikro-Ständegesellschaft geschaffen: Je besser der Standort der Bungalows, umso teurer die Übernachtung. Das Wasserschloss unter den Hütten ist der *overwater bungalow,* für den der Gast in Französisch-Polynesien leicht 500 Euro auf den Tisch legen muss. Ohne Frühstück, ohne Abendessen, ohne einen einzigen Schluck Wasser. In den Strandbungalows residiert es sich günstiger, und geradezu billig werden die Gartenbungalows. Wobei billig bedeutet, dass eine Nacht ungefähr so viel kostet wie uns fünf Wochen Camping.

Wir stellten fest, dass die Stelzenhäuschen so nahe nebeneinander standen, dass die Bewohner von ihrem Schlafzimmer mühelos ins Badezimmer ihrer Nachbarn sehen konnten. Und dass außerdem die *overwater bungalows* den dahinter stehenden Sparunterkünften die Sicht aufs Meer versperrten. Anstelle des Sonnenuntergangs sahen deren Bewohner surrende Klimaanlagen. Wir stellten uns die Enttäuschung der Angereisten vor, die in diesen Bungalows wohnten. Und beobachteten, wie aus den Hütten in Schale geworfene Menschen traten, mit langärmligen Hemden und Krawatten, bei feucht-heißen 35 Grad, fertig für ihr Dinner. Auf einmal fanden wir Zelten wieder prima.

Wir gingen zurück zum Campingplatz, öffneten im Sonnenuntergang zischend eine Dose Bier aus unserem Kühlfach und setzten uns auf die Terrasse. Noch ein paar andere Camper fläzten an den Picknicktischen, ein leises Stimmengewirr hing über dem von der Sonne in sattes Rot getauchten Platz, und wieder klimperte der Junge auf seiner Ukulele vor sich hin. Friedvoll sahen wir die Sonne im Meer versinken. Fast alle anderen Camper hier waren noch viel länger unterwegs als wir – die meisten kamen aus Australien oder Neuseeland und wollten noch weiter auf die Osterinseln oder nach Südamerika. Ein paar hatten sich ein halbes Jahr freigenommen, um zig verschiedene Inseln der Südsee zu bereisen.

An einem anderen dieser wunderschönen Abende erzählte uns die Tochter des Campingplatzbesitzers, wie schwierig es war, den Platz zu erhalten. Denn Billigtouristen sind im teuersten Reiseziel der Welt unerwünscht, Campingplätze werden im Gegensatz zu den großen Hotelanlagen hoch besteuert. Zudem erschwert die Regierung Billigfliegern das Landen im Archipel – es sollen nicht zu viele Touristen ankommen, die nicht aussehen wie soeben der Raffaello-Werbung entsprungen und keine Platin-Kreditkarten im Gepäck haben.

Dass man Menschen daran hindern kann, bestimmte Landesteile zu betreten, können Polynesier fast nicht verstehen, sagte das Mädchen. Land zu besitzen erscheint ihnen unsinnig. Schließlich gehört auch der Donner niemandem, genauso wenig wie der Regen oder die Luft und das Feuer. Warum also die Erde? Das erzählte uns die junge Polynesierin, als wir im Sonnenuntergang auf dem Campingplatz ihrer Eltern saßen. Kaum einen Steinwurf von den erwünschten Touristen entfernt. Das Spektakel, das die aus den Stelzen-Bungalows und wir vom Campingplatz sahen, war dasselbe: Ein roter Feuerball, der hinter den zackigen Umrissen von Bora Bora im Meer versank und die Wolken am Himmel aussehen ließ wie Lava. Die Natur interessiert es nicht, für wen sie ihr Schauspiel gibt.

Schockgefroren – Zelten unter Null

Es schneit. Im Zelt. Die Stoffbahnen glitzern weiß im fahlen Schein der Stirnlampe. Jetzt ist die Nacht am tiefsten. Das Zelt innen angefroren. Von der Eiskristallschicht rieselt es auf die Schlafsäcke. Kalt. Trotz der Wollwäsche, der Fleece-Jacke, trotz Mütze und Handschuhen, trotz des Daunenschlafsack-Ungetüms, dessen Komfortbereich bis minus 15 Grad reicht. Selten habe ich so wenig Komfort verspürt. K-a-l-t. Kalt. In den Knochen, im Kopf. So muss sich ein Hähnchen fühlen, steifgefroren in der Tiefkühltruhe. Jochen und ich liegen mit Diane und Todd, zwei erfahrenen Bergbewohnern, mitten in den Rocky Mountains. Auf 3400 Metern Höhe. Und tun das, was für viele hier so normal ist wie für uns ein Wochenende am Gardasee: Zelten. Denn wer ins *backcountry* will, ins verträumt und wild daliegende Hinterland, hat keine andere Wahl – in den Rocky Mountains gibt es, anders als in den europäischen Alpen, keine Hütten.

In der Ferne ist ein seltsames Kreischen, ein Johlen zu hören. Ist noch jemand so verrückt, in dieser Einsamkeit und Kälte zu nächtigen? Nein, das sind Kojoten. Nach einigem Zuhören wird mir das klar. Kojoten, die nicht allzu weit entfernt den Mond anheulen. Meine Nackenhaare stellen sich auf, nicht nur wegen der Kälte. Aber nicht die schreienden Tiere haben mich aufgeweckt. Sondern ein dringendes Bedürfnis. Die Uhr zeigt kurz nach Mitternacht – auch wenn ich das Gefühl habe, es müsse längst Morgen sein. Der aber ist noch fern. Im Kopf hallt die warnende Stimme Dianes wider: »Alles, was dein Körper warm halten muss, nimmt dir Energie weg und du frierst. Deshalb musst du alles Überflüssige sofort loswerden.« Also raus aus dem Daunenschlafsack. Eine Kälte-Keule trifft meinen wollumwickelten Körper, als sei ich nackt in einen Gletschersee gefallen. Daunenhose, Ski-Anorak und Daunenjacke – ohne sie ist an ein Verlassen des Zelts nicht zu denken. Grazil wie die Großmutter des Yeti wälze ich mich in dieser Vermummung aus der Iglu-Öffnung.

Es ist Mitte März. Todd und Diane hatten angekündigt, dass Snowcampen um diese Jahreszeit am schönsten sei, »weil es da schon so schön warm ist«. Wenn der arktische Hauch, der mir entgegenweht, warm sein soll, möchte ich niemals snowcampen, wenn es für Todd und Diane kalt ist.

Vor dem Zelt: Stille. Die Sterne, so nah. Die Lichtung liegt in silbrig-bläulichem Mondschein. Ich bilde mir ein, dass man dem Licht ansieht, wie kalt es hier ist. Mich friert so sehr, dass meine Zähne nicht mehr klappern können. Der Schnee, in den wir nachmittags hüfttief eingesunken sind, ist hart gefroren. Er quietscht unter meinen Sohlen. Hinter den Baumwipfeln baut sich der dunkle Schatten des Longs Peak auf, 4345 Meter hoch. Schnell ins Gebüsch, schnell wieder ins Zelt. Jetzt noch ein bisschen *gorp* essen – *good old raisins and peanuts*, Rosinen und Erdnüsse, gehaltvoll und fettig. Das feuert den Stoffwechsel an wie ein paar Schaufeln Kohle den Kessel einer Dampflok. Ich warte, dass sich der Daunensack wieder aufheizt, durch die einzige Wärmequelle, die es gibt: mich. Es funktioniert. Der Körper wird wärmer. Der Schlaf kommt zurück.

Als ich die Augen wieder aufmache, scheint durch den Zelthimmel die Sonne, die Eiskristallschicht ist fort, kuschelig warm ist es im Schlafsack, die Erinnerung an die vergangene Nacht erscheint unwirklich, weit weg. Aus unseren Schlafsäcken holen wir mein Kontaktlinsendöschen, die dazu gehörige Flüssigkeit, die beiden Fotoapparate, Ersatzbatterien und die Videokamera, außerdem unsere Müsliriegel, zwei Packungen Bergsteigernahrung und eine Salami. Alles, was die Nacht außerhalb der Reichweite unserer Körperheizungen verbracht hat, ist tiefgefroren und taut auch nicht mehr auf, bis wir wieder im Tal sind.

Wir beginnen den Morgen, wie wir den Abend gestern beendet haben: mit Schnee schmelzen. So wie wir überhaupt seit unserer Ankunft eigentlich nichts anderes gemacht haben als Schnee zu schmelzen und Tee zu kochen. Diane hat eine Küche gegraben, mit zwei Sitzbänken und kleinen Isomatten als Polster. Richtig gemütlich ist unsere Freiluft-Lounge. Auf einer Anrichte stehen die geöffneten Aluminiumtüten mit dem Bergsteigeressen, pulverisiertem Eintopf, nährstoffreich, aber nur 200 Gramm schwer und deshalb ideal zu transportieren. Sobald er mit kochendem Wasser übergossen wird, quillt er zu einer schmackhaften, dicklichen Suppe auf. Nach einer knappen Stunde sind außerdem vier Tassen heißer Tee fertig, die Sonne hat unsere steifen Glieder aufgetaut. Vier Daunengestalten sitzen auf der Lichtung, sichtbar nur die Köpfe, die aus der Küche herausragen, und lassen warme Flüssigkeit in die kalten Körper rinnen.

Unsere gelben Winterzelte stehen in der Sonne. Bis zur Hälfte haben wir sie gestern eingegraben, zum Schutz vor dem angekündigten leichten Schneesturm, der zum Glück aber ausgeblieben ist. Die Winterkuppeln sind stabiler als unser Sommer-Iglu, sie haben einen dickeren Boden und viel dichter gewebte Wände, gegen den Wind und die Schneemassen, die in der Nacht fallen können. Weil wir diese schweren Packen nicht den Berg hinauftragen wollten, hat Todd einen Materialschlitten besorgt. Mit zwei Stangen wird er an einem Gurt an der Hüfte des Trägers befestigt. Der rote Plastikschlitten steckt jetzt zwischen den Zelten, neben unseren Schneeschuhen – die wir bald wieder anziehen müssen, denn die Sonne lässt den Schnee schon weicher werden. In spätestens einer Stunde wird ohne die großflächigen Teller unter den Füßen kein Schritt mehr zu machen sein, ohne sie würde man bis zu den Knien, manchmal auch bis zu den Hüften einsinken.

Die Schnüre der Zelte verlieren sich im Schnee. Weil Heringe hier wenig nützen, haben wir gestern selbst Haltevorrichtungen gebastelt: dicke, mit Schnee gefüllte Plastikbeutel an die Zeltschnüre gebunden und eingebuddelt. Mit dem Sinken der Sonne sind diese Säckchen hart gefroren und zu hervorragenden Heringen geworden. Das Graben hat uns warm gehalten. Als es nichts mehr zu tun gab und die Sonne hinter den umliegenden Gipfeln verschwand, verkrochen wir uns in den Zelten. Für eine gemütliche Lagerfeuerrunde wurde es ungefähr 40 Grad zu kalt. Todd meint, in der Nacht habe es 20 Grad unter Null gehabt.

Natürlich ist diese eine Nacht des Campierens im Schnee nichts gegen das, was echte Biwakierer hinter sich bringen, die wochenlang in wesentlich größerer Höhe verbringen. Auch ein Freund von Jochen hat einmal, wenngleich unfreiwillig, etwas viel Heftigeres erlebt: Oliver stieg in Marokko auf den 4167 Meter hohen Jebel Toubkal, den höchsten Berg Nordafrikas. In Deutschland hatte er sich dafür einen Schlafsack gekauft, mit einem Komfortbereich bis minus 15 Grad. Delta Vier hieß das mollige Modell. Erst auf 3000 Metern Höhe schlug Oliver im Schnee sein Zelt auf. Doch aus der Schlafsackhülle kam eine böse Überraschung: Riverside II, eine dünne Sommerpelle. Oliver hatte beim Kauf nicht aufgepasst, dass sie ihm wirklich das einpackten, was er wollte. Aber auch wenn Jochen und ich keine vier Wochen in Eis und Schnee leben und außerdem einen um einiges dickeren Schutz als Riverside II haben: Wir sind stolz. Auf einmal haben wir das Gefühl, jetzt erst richtige Camper zu sein – denn im Sommer am Gardasee kann schließlich jeder zelten. Wir finden, dass wir zwei richtig tolle Kerle sind, die weder Einsamkeit noch ewiges Eis scheuen. Großartig und unbesiegbar.

Da kommt Todd aus dem Toiletten-Gebüsch. Mit einem Blick, der verheißt, dass er etwas weiß, aber nicht so recht mit der Sprache raus will.

»Was ist los?«, fragen wir ihn.

»Na ja«, sagt er. Wenn Todd so anfängt, dann bedeutet das nichts Gutes.

»Da ist eine Spur«, sagt er. »Eine ziemlich große.« Nach einer Pause, in der nichts zu hören ist außer dem Husten des Benzinkochers, zuckt Todd mit den Schultern und setzt sich. Da gebe es jetzt nichts drum herumzureden, sagt er, die Spur sei eindeutig von einem Bären.

»Aber Bären haben doch noch Winterschlaf«, versuche ich Todds Worte zu entkräften, *hibernating* heißt das auf Englisch, ich habe dieses Wort während der Reisevorbereitungen lieben gelernt. Es machte das Mitschleppen von bärensicheren Behältern überflüssig. Denn im Sommer muss das Gepäck eines Campers im Hinterland ganz anders aussehen: Anstelle der Daunenpellen braucht man geruchsdichte Container, in die man alles packt, was auch nur ein bisschen riecht: Essen, Deodorants, sogar Zahnpasta. Aufbewahren sollte man diese Dinge ziemlich weit entfernt von der Lagerstelle, und niemals Essen mit ins Zelt nehmen, denn Bären haben nicht nur große, sondern auch ausgesprochen gute Nasen, und können, wenn sie Hunger haben und etwas vermeintlich Schmackhaftes erschnuppern, sehr, sehr ungemütlich werden.

Ob es denn nicht die Kojoten sein könnten, die wir in der Nacht gehört haben, frage ich Todd.

»Nein«, sagt er. Nur: »Nein.« Diane erklärt, es komme schon mal vor, dass manche Bären ein bisschen früher aufwachten. Auf meinem Teller liegt die fette Salami, die die Nacht mit mir in meinem Schlafsack verbracht hat. Das Problem sei nur, sagt Todd, manche hätten einen Grund, warum sie früher aufwachten: »Sie haben Hunger.«

Ich schaue auf die Salami und stelle mir vor, wie all die Geruchspartikel, die die Fett- und Fleischbröckchen in der Wurst schon ausgesendet haben, jetzt wie eine unsichtbare Glocke über dieser Lichtung hängen, wie sie in die Bäume wehen, durch den Wald, an der Nase eines Grizzlys vorbei, der einen tiefen Atemzug davon nehmen und sich daran erinnern wird, dass er seit vier Monaten nichts mehr gegessen hat, und sehe, wie über seinem Kopf das Bild einer Riesenwurst entsteht, seine Augen zu rollen beginnen und er losgaloppiert, wie er durch das Dickicht bricht, und ich bin mir sicher, dass er, bei uns angekommen, kein Auge mehr haben wird für die popelige Salami, sondern viel, viel mehr

Interesse an zwei gut genährten Amerikanern und zwei Delikatessen aus Europa. Ich schaue Jochen an. Jochen schaut die Salami an. »Vielleicht sollten wir zusammenpacken«, sagt Diane. »Wir sind sowieso fertig, nicht wahr?«

Jochen und ich haben an diesem Tag unseren persönlichen Geschwindigkeitsrekord im Zeltabbauen aufgestellt, und können uns auch nicht erinnern, je so schnell mit Trekkingrucksäcken unterwegs gewesen zu sein, noch dazu mit Schneeschuhen an den Füßen. Pausen wollten wir keine mehr machen, es reichte uns völlig, ab und zu eine Handvoll *gorp* einzuwerfen und im Gehen ein paar Schlucke unseres Schmelzwassertees hinunterzustürzen. Einen Bären haben wir bei unserem Abstieg zum Glück nicht gesehen. Aber das nächste Mal, das haben wir uns auf dem Parkplatz leise zugeflüstert, damit es Diane und Todd nicht hörten, wollten wir dann doch lieber wieder auf einem schön eingezäunten Campingplatz am Gardasee zelten.

Nachtwanderung zum Gruselcamp

Es war einmal eine Zeit, als die Borken der Bäume Fratzen von Monstern waren, der Wind ein Knurren und der Mond ein argwöhnisches Auge. Und jedes Jahr im Mai führte das Pfingstlager der Kirchenjugend mitten hinein in diesen Albtraum. Tagsüber war die Ansammlung der großen grünen Zelte auf dem Feldberg im Schwarzwald einfach eine Art Kindergarten an der frischen Luft. Morgens gab es Spiele wie Sackhüpfen und Eierlauf, mittags sangen alle »Wir haben Hungerhungerhunger, haben Durst«, hauten rhythmisch mit Messer und Gabel auf den Biertisch und warteten auf weichgekochte Nudeln mit Ketchup und Butter. Am Nachmittag schöpfte jeder mit seiner Tasse Hagebuttentee aus einer roten Plastikwanne, in der manchmal eine Pferdebremse vergeblich um ihr Leben strampelte. Am Abend schnallten die älteren Ministranten Gitarren um. Es war Anfang der achtziger Jahre, überall in Deutschland hatten die Amerikaner Atombomben stationiert. Die Ministranten trugen lange Haare und Jeans, auf die sie mit schwarzen Filzstiften das Peace-Zeichen gemalt hatten. Sie sangen Lieder wie »Was sollen wir trinken?«, »Let it be« und »He's got the whole world in his hands«, die alle Kinder mitsummten, ohne sie zu verstehen. Alles war friedlich. An den Haaren zogen die Buben die Mädchen nur, wenn gerade keiner von den Aufpassern hinschaute. Kopfnüsse für Kinder mit Brillen, Sprachfehler oder dickem Bauch gab es nur im Gebüsch.

Aber wenn es Nacht wurde im Zeltlager, war plötzlich alles anders.

Dann flüsterten die Großen leiser als das Feuer knackte. Ihre Augen funkelten im Schein der Flammen, und die Kinder konnten das rätselhafte Lächeln in ihren Gesichtern nicht richtig deuten. Das war die Stunde, in der sie ihre Geschichten erzählten.

Die Sage von der jungen Prinzessin zum Beispiel. Die wohnte im Turm der Burg, der höher war als die Raben fliegen konnten, aber jede Nacht klopfte jemand – oder etwas – an ihren hölzernen Fensterladen. Die Prinzessin getraute sich nicht hinauszusehen. Sie vergrub ihr Gesicht in ihrem Kissen, sie schlief nicht mehr und flehte um Hilfe, aber nicht einmal ihr Vater, der König, wollte ihr glauben. Eines Nachts sah man sie aus ihrem Gemach in die Burgkapelle flüchten. Dort fand man sie vor dem Altar liegend, die Haare grau, die Haut runzelig, gealtert innerhalb weniger Augenblicke und – an dieser Stelle machte der Erzähler eine längere Pause – tot. Oder die Geschichte von dem jungen Pärchen, dem nachts auf der Landstraße der Sprit ausgeht. Die nächste Stadt ist meilenweit entfernt. Der Junge läuft mit dem Ersatzkanister los, das Mädchen wartet im Dunkeln. Plötzlich ein Klopfen auf dem Dach, immer und immer wieder. Dunk, dunk, dunk. Das Mädchen dreht das Radio auf, hält sich die Ohren zu. Dunk, dunk, dunk. Der Freund kommt nicht zurück. Als nach Stunden die Polizei eintrifft, sagen die Beamten zum Mädchen, es solle sich nicht umdrehen, wenn es aus dem Auto steigt. Sie dreht sich trotzdem um – und sieht einen Irren auf dem Autodach hocken, der auf das Blech klopft – mit dem Kopf ihres Geliebten.

Manchmal weinte eines der Kinder. Aber niemand brachte es weg. Keiner hätte sich aus dem Lichtschein gewagt, in die Dunkelheit hinein, die um das Feuer lauerte wie ein Rudel schwarzer Wölfe. Es hätte ja sein können, dass man auf dem Weg ins Zelt dem Gehängten begegnet wäre, dem kopflosen Ritter oder der zum Leben erwachten Holzfigur des heiligen Georg, die manchmal bei Vollmond aus ihrer verwunschenen Kapelle stakste. Oder einer der anderen Gestalten, die die Schauermärchen am Lagerfeuer bevölkerten. Jede Nacht gab es neue Gruselgeschichten zu hören, die alles nur noch unheimlicher machten.

Dabei war das nur die Vorbereitung auf den alljährlichen Höhepunkt des Pfingstlagers: die Nachtwanderung mit Fackeln durch den Wald. Um den Ausflug etwas lustiger – für die Aufpasser – zu machen, versteckten sie sich hinter den Bäumen. Mit lautem Gebrüll sprangen sie die Kleinen von hinten an, dabei trugen sie Zombiemasken und Bettlaken, Stöcke und leuchtende Dracula-Gebisse. Manche Kinder sprangen an den Ministranten hoch, damit sie auf deren Schultern sitzend in Sicherheit gebracht würden – nicht ahnend, dass ihre Beschützer mit den bösen Waldgeistern unter einer Decke steckten.

Aber alles geht einmal vorbei, sogar eine Nachtwanderung. Und dann, wenn der Schlafsack rundherum behaglichen Schutz bot, wenn das gleichmäßige Atmen der Freunde links und rechts den Herzschlag beruhigte, die ungleich aufgeblasene Luftmatratze so vertraut nach Gummi roch, wenn der Wind wie mit Fingern die Stoffwand abtastete, aber garantiert genauso wenig herein kam wie die Gestalten der Geschichten, die Gesichter der Bäume und der Blick des Mondes – dann war es schon in Kindheitstagen eine starke Erfahrung: Wie viel Geborgenheit ein Zelt gibt, selbst in der finstersten Nacht.

Ode an das Nichtstun

Viel kann man erleben beim Zelten. Wilde Tiere und Insekten kennen lernen, Stürme und Regen überstehen, lärmende Nachbarn aushalten oder neue Freunde finden. Aber schön am Zelten ist auch: dass manchmal einfach überhaupt nichts passiert. Eine Auszeit vom Alltagstrubel, den ganzen Tag an der Luft, und die ganze Nacht noch dazu, wenn das Zelt auf einem schönen Campingplatz steht, am Rand eines Sees, am Fuß eines Bergs. Tage an einem solchen Platz sind ein Geschenk, lassen das Herz ruhiger schlagen und die Gedanken höher fliegen. Tage wie diese verlaufen meistens gleich und sind doch einzigartig.

Langsam wache ich am Morgen auf und weiß gar nicht, wovon und warum, ganz behutsam kommt die Wachheit herangespült. Ein bisschen liege ich noch unter der kleinen blauen Kuppel, in der angenehmen Morgenkühle, lausche dem Schwappen der Wellen an den Uferrand, dem Zwitschern der Vögel, dem Brummen von Bienen. Aus der Ferne höre ich einen Traktor. Irgendjemand sägt Holz. Ab und zu streichelt ein leichtes Lüftchen über die Haare und die Stirn.

Dann stütze ich mich irgendwann auf die Ellbogen, schaue durch das dünne Netz hinaus, der Blick schweift über das Schilf. Ich freue mich über einen Spatz, der zwischen den

Campingstühlen, nur eine Armlänge vom Zelteingang entfernt, herumhüpft und Brösel aufpickt. Auf der anderen Seite des Sees: ein Berggipfel. In meinem Innern suche ich nach dem Willen, hinaufzusteigen, und finde ihn nicht. Überlege nicht, ob ich mich zusammenreißen und doch den Rucksack für den Aufstieg packen soll, sondern vergesse, dass man Berge erklimmen kann, und will sie für heute nur als Kulisse bewundern.

Wieder einmal bin ich froh, dass wir nicht in einem Hotel sind, in dem ich sicher nicht so früh aufwachen würde, wenn der Morgentau auf der Wiese glitzert. Jochen hat noch nichts vom neuen Tag gesehen. Er weiß nicht, dass die Sonne zur Komplizin geworden ist und schon mit aller Kraft die kleinen Wolken am Himmel dahinschmelzen lässt. Ich halte mich zurück, rüttle nicht an ihm, sondern bemühe mich, den Zelteingang so leise wie möglich aufzuziehen, tappe hinaus in die Kühle und Frische. Erschauere vom nasskalten Gras unter meinen Füßen. Angle nach den Flip-Flops, schlappe die paar Meter zum See hinunter und setze mich auf eine Schaukel, die nur aus einer Holzplanke und zwei Schnüren besteht, und die jemand, der weiß, wie man das Leben schöner macht, an einem Ast festgebunden hat.

Der See liegt da, glatt und spiegelnd, als seien Himmel und Berge wie ein Aquarell darauf gemalt. Das Licht ist so klar, wie es nur an einem Sommermorgen sein kann, ein leichter rosa Schein hängt noch darin. Ein Junge zieht mit dem Kanu seine Bahnen. Er durchschneidet das Himmelsgemälde, seine Wellen weiten sich aus wie die Federn eines Pfeils, werden immer breiter, länger, lassen die Konturen von Berg und See verwischen. Ein sanfter Wind streicht über den See, lässt das Schilf sich biegen und wiegen. Eine Entenfamilie paddelt aufgeregt fiepend am Ufer entlang, Entenmutter und -vater immer darauf bedacht, die gelben Knäuel zusammenzuhalten. Ab und zu gibt es kleine Wellenkreisel, dort, wo ein Fisch an die Oberfläche schnappt. Das Holz der kleinen Schaukel knarzt.

So sitze ich da, das Herz voll stiller Freude, und erlebe einen der wenigen Momente, in denen man überhaupt nichts denkt und sich doch nicht leer fühlt dabei – weil einen die Schönheit und Ruhe der Landschaft ganz ausfüllen. Unwichtig werden die Sorgen, mit denen man sich während der Woche drinnen in der Stadt plagt. Nur eine Stunde entfernt, und doch weit, weit weg ist das alles.

Sanft stoße ich mich ab, schaukle hin und her, schaue in die Sonne, schließe geblendet die Augen und fühle den Wind. Wo sonst kann man im Nachthemd, gleich nach dem Aufwachen, an seinem kleinen Seegrundstück sitzen, allein und in Frieden?

Der Zeltreißverschluss surrt in die Stille hinein, heraus strauchelt ein blinzelnder Jochen. Ein paar Schritte und er steht neben der Schaukel, lächelt, sagt nichts. Wir blicken in die Welt und freuen uns zu zweit.

Wie schön, dass wir uns nun nicht herausputzen müssen für ein Frühstücksbuffet, das es nur zu einer festgelegten Uhrzeit gibt. Im kleinen Campingplatzladen gehören wir zu den ersten Kunden des noch jungen Tages, kaufen Semmeln, Obst und eine Zeitung, in der Morgenstille schmurgelt bald der Gaskocher, bereitet das Wasser für den Tee. Die Semmeln bröseln beim Aufschneiden so sehr, dass sich gleich zwei

Spatzen ganz nah an uns herantrauen. Ich halte ein Stück Semmel in die Luft, und der mutigere der kleinen zarten Vögel schnappt es sich im Flug.

Das Zelt steht an diesem schönen Fleckchen, das gestern noch einfach ein paar Meter Ufer war und heute unser Zuhause ist. In dem vertrauten Nest liegen die zerwühlten Schlafsäcke und die weißen Kissen. Jochen und ich sitzen auf unseren Campingstühlen, die Zeitung auf den Knien, schauen immer wieder über den See, beißen in unsere Semmeln, genießen die Ruhe, stupsen den anderen mit dem Zeh. So dauert das Frühstück Stunden, und langsam wacht der Rest des Platzes auf.

Wir schlurfen zu dem kleinen Steg, reden nicht einmal darüber, dass dieser Berggipfel gegenüber noch immer darauf wartet, bestiegen zu werden, breiten unsere Handtücher aus, legen uns Hüte übers Gesicht und schlafen wieder ein. Wenn die Sonne höher steht, hüpfe ich in das klare Wasser, erschrecke über die Kälte, die über mir zusammenschlägt, komme prustend wieder an die Oberfläche und fühle mich so sehr am Leben wie lange nicht mehr. Zurück auf dem Steg rinnt das Wasser an mir hinunter, malt Muster auf das grüne Holz, die die Sonne schnell wieder verschwinden lässt, genauso wie meine Gänsehaut.

Das Schwimmen macht hungrig, und mit ein bisschen Glück ist ganz in der Nähe ein kleines Lokal, vielleicht sogar auf dem Campingplatz. Wir setzen uns unter eine Markise, mit nassen Haaren, bestellen einen leichten Weißwein und eine frische Renke, die am Morgen vielleicht noch unter unseren Füßen umhergeschwommen ist.

Und am Abend, wenn die Farben intensiver werden und ein orangeroter Hauch auf der Haut zu liegen scheint, prosten wir uns zu und trinken auf diesen Tag und auf das ganze Leben.

Ein solcher Campingtag endet, wie er angefangen hat. Mit dem Schmurgeln des Kochers, der diesmal das Wasser für die Spaghetti sprudeln lässt. Bei einer Flasche Rotwein bleiben wir im Schein von ein paar Kerzen noch ein wenig sitzen und schauen über das Wasser, auf den dunklen Schatten des Bergs und die Lichter einer Hütte, die im Himmel zu schweben scheint. Wir reden über dies und das und lehnen die Köpfe aneinander. Schließlich kriechen wir ins Zelt, und es ist kühl genug, um in unsere zusammengezippten Schlafsäcke zu schlüpfen, in denen es kuschelig wird zu zweit. Draußen wiegt sich die Schaukel langsam im Wind. Wir freuen uns über einen Tag, an dem gar nichts passiert ist. Und doch so viel.

Fünf-Sterne-Küche für Benzinkocher

Einmal saßen wir auf einem sonnigen Campingplatz in der Provence, als plötzlich ein Pärchen mit Garmisch-Partenkirchener Autokennzeichen auf die freie Parzelle neben uns bretterte. So wurden wir Zeugen eines barbarischen Aktes. Die beiden Garmischer rissen ihren Kofferraum auf und wühlten beide gleichzeitig zwischen Zelt, Schlaf- und Rucksäcken, Isomatten und Wanderschuhen herum. Das Mädchen war schneller und hob seinen länglichen, gelblich glänzenden Fund in die Höhe wie einen Goldbarren: Es war eine Dose Sauerkraut.

Der Junge bekam sein offenbar verklebtes Taschenmesser nicht schnell genug auf, also nahm er einen Hammer und einen Metallhering. Ein paar kräftige Schläge rundherum, ein, zwei Flüche, als er daneben haute, schon hatte er das Gemüse aus dem Alukorsett befreit. Die beiden nahmen sich keine Zeit zum Kochen, keine Zeit, eine Gabel zu suchen. Sie verschlangen das rohe Sauerkraut mit ihren bloßen Händen. Jeder Camper kennt das: Auf der Fahrt zu einem Platz bekommt man Hunger, will aber mit dem Essen warten, bis man am Ziel ist. Doch dann zieht sich die Strecke, und am Ende hält man es kaum mehr aus vor Kohldampf. Das hat man schließlich davon: Vor lauter Gier bekamen die Garmischer gar nicht mit, dass sich ein paar benachbarte Franzosen anstupsten und über das seltsame Duo tuschelten.

Wir schämten uns für unsere Landsleute: buchstäbliche Krauts im Lande der Gourmets, Konserven futternde Esskulturbanausen im Reich der Kräuter der Provence, an der Wiege des Lammkarrees und der Geburtsstätte des Rosmarinmantels. Wir wünschten, die beiden würden ganz klein werden, in ihre Dose klettern, den Deckel zumachen und sich nach Deutschland reimportieren lassen.

So eine Schmach kann uns nicht passieren. Dazu haben wir viel zu viel Spaß an gutem Essen. Außerdem bietet die kreative Küche auf dem Campingplatz einen entscheidenden Vorteil gegenüber der Halbpension im Hotel: Wenn wir über die Märkte fremder Länder schlendern, können wir nicht nur schauen, sondern die einheimischen Spezialitäten auch kaufen und gleich frisch zubereiten. Im Laufe der Zeit ergab sich so ein Reisetagebuch in Rezepten.

Zum Beispiel Risotto à la Rovereto: Man nehme vor allem genügend Gaskartuschen. Der Reis und das Gemüse oder die Steinpilze kochen mindestens eine Stunde lang, zuerst in Weißwein, dann in regelmäßig nachgeschütteter Brühe. Nach dem Abschmecken: die Köchin oder den Koch massieren, denn das ewige Zum-Boden-Beugen und Umrühren geht ganz schön ins Kreuz und in den Nacken. Oder Kieler Knoblauch-Garnelen: wie ebendort auf einem zufällig gefundenen Backrost in der Bucht über einer Minipackung Holzkohlen von der Aral-Tankstelle gegrillt. Leipziger Broiler: Zugegeben an der Wärmetheke im Supermarkt gekauft, aber mit original selbstgekochtem Allerlei veredelt. Rindersteaks Hawaii: Nur echt mit einem Rotwein aus einer Thermoskanne zur Tarnung, weil Alkohol auf amerikanischen Campingplätzen verboten ist. Minuten-Spaghetti nach ligurischer Art: Buchstäblich im Handumdrehen fertig – mit Pesto aus dem Glas.

Eine sehr leckere Vorspeise ist Baguette mit korsischer Salami – beziehungsweise mit dem, was übrig bleibt, wenn man wie wir Bekanntschaft mit den überall auf der Insel herumstreunenden Wildschweinen macht. Eines Nachmittags, wir kamen gerade vom Einkaufen zurück, lag eine Sau mitten auf der Straße. Wir stiegen aus und ließen die Türen offen – worauf eine ganze Rotte Keiler, Bachen, Ferkel und Wutzen frisch nach dem Suhlen im Dreck über die Sitzpolster robbte, alles wegfraß und einen Gestank hinterließ, der uns noch monatelang an unsere Blauäugigkeit erinnerte. Die Lust auf Wurst ist uns davon trotzdem nicht vergangen. Unser Lieblingsrezept aber ist immer noch Südsee-Schwertfisch mit Vanille.

Dazu braucht man allerdings wirklich erstklassige, frische Zutaten. Am besten so frisch wie selbst gepflückt und so gut wie eigenhändig gejagt. Wir hatten dieses Glück während eines Motorbootausflugs auf die tahitianische Insel Tahaa, die wegen ihres in der ganzen Welt geschätzten Exportprodukts auch Vanille-Insel heißt. Bei der Besichtigung einer Plantage bekamen wir eine getrocknete Schote geschenkt. Der dazu passende Fisch kämpfte währenddessen bereits ums Überleben. Wir tuckerten gerade in dem Moment am Boot der Fischer vorbei, als diese den Schwertfisch an Bord zerrten. Die Schwanzflosse des Tiers hing an einer Kette, die elektrische Winde am Heck heulte, weil sie das Gewicht kaum packte. Es dauerte eine Viertelstunde, bis der Fisch halbwegs auf dem Trockenen lag. Zuerst dachten wir, es handle sich um einen kleinen Wal, so groß war dieser Schwertfisch. So schwer war er, dass er, im hinteren Teil des Bootes liegend, den Bug in die Höhe ragen ließ. Der Mann, dem unsere Nussschale gehörte, Paanono, fuhr näher heran und rief den Fischern eine Frage auf Polynesisch zu. Sie schienen zuzustimmen, machten Handzeichen, dass sie uns folgen würden. Als die Fischer losschipperten, ächzte ihr Motor eine stinkende, fettige Dieselwolke aus. Sie kamen kaum von der Stelle.

Paanono war Vater von fünf Kindern, sein kärgliches Einkommen verdiente er mit Touristenausflügen und einem kleinen Meereszoo, in dem er Stachelrochen, junge Riffhaie und tödlich giftige Steinfische hielt. Ein Stück von dem, was da gerade vor seiner Nase aus dem Pazifik gezogen worden war, reichte ihm und seiner Familie ein Weilchen.

Die Fischer steuerten mit uns zu der winzigen Insel, an deren Ufer die Bassins von Paanono waren. Dort durfte sich der Überglückliche einen großen Batzen aus dem Schwertfisch schneiden. Die fettigen Teile säbelte er gleich ab und warf sie den Riffhaien vor. Das Wasser färbte sich schaumig weiß von den quirligen Bewegungen ihrer Flossen. Als Paanono bemerkte, wie interessiert wir ihn beobachteten, schwang er kurz das Messer und drückte uns drei, vier Steaks in die Hand, groß wie Teller, eingewickelt in ein so gut wie ungelesenes Exemplar der Zeitung »Dépêche de Tahiti«.

Zurück auf dem Campingplatz, wollten wir den Fisch erst einmal kühlen. Es gab eine kleine Küche mit einer Eistruhe. Aber als Birgit diesen Kasten aufmachte, glotzte ihr ein gebratener Schweinekopf entgegen. Er lag auf einem Teller, inmitten von zerquetschten Bananen, ausgelaufenem Orangensaft und Plastiktüten voller Fischreste und undefinierbarem Zeug. Die Augenschlitze des Schweinekopfs waren schwarz, seine Lefzen zurückgezogen, wir konnten die Zähne sehen. Es sah aus, als grinste er schadenfroh.

Wir beschlossen, die Zwischenlagerung des Schwertfisches zu streichen und gleich zur Sache zu kommen. Paanono hatte uns geraten, die Steaks ohne jeglichen Schnickschnack wie die Einheimischen zuzubereiten: kurz in Öl anbraten, ein Stück einer Vanilleschote dazu, ein Spritzer Limette, Pfeffer, Salz, fertig. So machten wir es auch, über dem einzigen nicht verstopften Gasventil, das der verrostete Küchenherd zu bieten hatte. Währenddessen fing es an zu regnen. Es war einer dieser heftigen tropischen Schauer, aber der machte es in der Küche nur noch gemütlicher. Als wir gerade dabei waren, Limettensaft über unser Festmahl zu träufeln, kam ein junges amerikanisches Ehepaar auf dem Campingplatz an. Sie hatten auf dem offenen Deck eines Containerschiffs von der Insel Bora Bora übergesetzt – waren bestohlen worden und nass bis auf die Haut. Müde und gereizt wollten sie sich in der Küche ein paar getrocknete Bohnen in heißem Wasser anrühren. Wir luden sie zum soeben fertig gewordenen Schwertfisch ein. Sie freuten sich wie an Thanksgiving. So einen warmen Empfang hatten sie nach alledem nicht erwartet. Das war der beste Fisch unseres Lebens.

Nur beim Zelten kann das Kochen zu einem solchen Abenteuer werden. Zu Hause herrscht Routine. Vom Einkauf im Supermarkt über den Griff in den Vorratsschrank bis zum Dreh am Elektroherd funktioniert alles wie von selbst – egal, ob draußen die Sonne scheint, ob es hagelt oder schneit. Beim Zelten dagegen kann sich die Witterung überraschend heftig auf die Menügestaltung auswirken. Das muss man deutlich sagen, vor allem denjenigen, die in der Schule geschlafen haben, als die einfachsten physikalischen Zusammenhänge durchgenommen worden sind. So wie wir. Aber es ist nun einmal so: Katzen fressen Mäuse, Flüsse fließen bergab. Und heißes Öl, Wasser und Feuer – nun ja. Jetzt wissen wir das auch. Als wir es noch nicht wussten, waren wir an der Ostsee und legten behutsam eine schöne Rinderlende in die Pfanne. In diesem Moment fing es an zu tröpfeln. Während ich mit dem Fleisch hantierte, kramte Birgit unsere Regenjacken heraus. Die Tropfen zischten ins Öl. Immer stärker. Zuerst konnte ich die Lende noch mit dem Pfannendeckel abschirmen wie ein Ritter, der seine Liebste mit einem Schild gegen Pfeilhagel schützt. Aber sobald ich das Fleisch wenden wollte, landete der Regen knallende Volltreffer. Schließlich nahm ich die Pfanne, Birgit schnappte sich den Kocher, und wir zogen um unter ein hölzernes Dach, das die Leih-Fahrräder auf diesem Campingplatz beschirmte. Dort brutzelten wir weiter. Aber inzwischen kam der Regen waagrecht, und ich wusste nicht mehr, welchen Handgriff ich zuerst erledigen sollte: Deckel auf, zu, Fleisch wenden, Flamme zurückdrehen, Pfanne vom Feuer nehmen. Oder aber die Ärmel der Regenjacke aufkrempeln, damit sie nicht ankokelten. Im Chaos muss ich die Pfanne leicht gekippt haben. Das Öl schwappte über, ergoss sich ins Feuer und explodierte. Mit einem lauten Krachen schoss eine grelle Stichflamme zwischen unseren Köpfen in die Höhe. Wir sprangen zurück, ich ließ die Pfanne fallen. Ein Wunder, dass wir uns nicht verbrannten, dass die Kunststoffjacken nicht an unsere Körper schmolzen. Schon erwarteten wir, dass die Stelle des Holzdaches, unter der unser Kocher gestanden hatte, einen Anblick bieten würde wie im Comic: einen schwarzen Fleck, der an den Rändern noch glimmte. Die Lende lag noch immer in der Pfanne, da, wo ich sie fallen lassen hatte. Das Fleisch war genau richtig durch.

Berühren der Ware verpflichtet zum Kauf

Die Mecklenburgische Seenplatte hatte uns schon seit langem angezogen, aber jetzt fanden wir nicht mehr heraus. Es war mitten in der Nacht, und die Straßenkarte sah aus, als zeige sie einen Teil von Schweden. In dem Gewirr aus rund 1000 größeren und kleineren Seen bis hin zu winzigen Weihern kannten wir uns nicht mehr aus. Eigentlich waren wir in Richtung Zwenzow unterwegs, aber um eine schönere Strecke zu haben, nahmen wir immer schmalere und unbefahrenere Alleen, Sträßchen, fast schon Feldwege. Am Ende hatten wir keine Ahnung mehr, wo wir waren. Immerhin kamen wir immer wieder an Wegweisern vorbei, die uns einen Campingplatz anzeigten. Anfangs ignorierten wir die Schilder mit unserem Lieblingssymbol, das eigentlich ein Tipi der Sioux-Indianer darstellt: das stilisierte Zelt mit dem gekreuzten Gestänge. Doch als wir schließlich zum zehnten Mal die Wahl hatten zwischen einem gemütlichen Plätzchen für die Nacht und einer zum Teil nur gepflasterten Rumpelstrecke, entschieden wir uns fürs Übernachten. Es waren nur ein paar kurvige Kilometer durch einen verschwiegenen Wald. Es hätte uns nicht gewundert, wenn uns in dieser verlassenen Gegend ein Ochsenkarren entgegengekommen wäre.

Wir waren auch zu müde, um uns darüber zu wundern, dass der Mann an der Rezeption um diese Uhrzeit noch ohne T-Shirt hinterm Schalter stand. Auf seinem enormen Bierbauch lag sein weißer Rauschebart, als wäre er St. Nikolaus und nicht der Türhüter in einem ehemals volkseigenen, inzwischen verwestlichten und generalüberholten Freizeitparadies. Weil es schon so spät war, durften wir nicht mehr mit dem Auto auf den Platz. Wir schulterten unsere Sachen und gingen los. Alle anderen Gäste schliefen anscheinend schon. Es war kein Mensch zu sehen. Der See – wir wussten nicht, welcher, hatten uns auch nicht zu fragen getraut – wirkte in dieser mondlosen Nacht schwarz wie ein Loch in der Landschaft. Wir brauchten unsere Stirnlampen, um zu sehen, wo wir hintraten. Auf einer terrassenartig angelegten Wiese fanden wir endlich einen annehmbaren Fleck. Routiniert und ohne viel Worte stellten wir unser Zelt auf. Wir schliefen sofort ein.

Am Morgen war ich als Erster wach. Es war der Hunger, der mich weckte. Ich beschloss, Birgit mit einem schönen Frühstück zu überraschen und krabbelte ins Freie. Ich streckte mich und sah noch gar nicht richtig aus den Augen, als mich eine Männerstimme aus nächster Nähe anfuhr: »Hey! Wie siehst du denn aus?«

Es dauerte einen Moment, bis ich meinen vom Schlaf verschleierten Blick fokussieren konnte. Aber dann fokussierte ich gleich auf eine entscheidende Stelle in der Körpermitte dieses Mannes, der offensichtlich unser Nachbar war: Er war nackt. Genauso wie seine Gattin, die hinter ihm stand, und die zwei kleinen Kinder, denen sie gerade Schwimmflügel überstreifte. Genauso wie die alte Frau, die mit wehendem grauen Haar auf dem Fahrrad vorbeischlingerte, die Leute, die unten am See bereits Federball spielten, der Bademeister, der seinen Wachturm hochkletterte, der Mann, der mit Klopapierrolle und Duschmünze zum Sanitärgebäude schlurfte – und überhaupt alle auf diesem Campingplatz. Alle außer mir.

»Brauchst du eine Sondereinladung, oder was?«, rief der Nachbar rüber.

»Schon okay«, sagte ich – über meine Schulter hinweg, denn gleichzeitig hechtete ich zurück ins Zelt. Inzwischen war auch Birgit wach geworden. Wir waren entsetzt, mussten dann aber darüber lachen, dass wir am Vorabend nicht kapiert hatten, wo wir gelandet waren. Unsere erste Lektion in FKK: Nacktheit ist das Natürlichste der Welt. Wo sich alle ausziehen dürfen, ist man tolerant, freigeistig, ungezwungen – aber wehe, es macht einer nicht mit. Dann greift die Nacktheitsdurchführungsverordnung. Vielleicht durfte man radikale Kleiderträger sogar beim Platzwart anzeigen, wer weiß. Statt im Garten Eden in der Zeit vor dem Feigenblatt fühlten wir uns als Obdachlose in einer Schrebergartensiedlung mit Gartenzwergzwang. Aber jeder, wie er will. Dumm nur, dass wir hier nicht durften, wie wir wollten.

Außerdem hatten wir Hunger. Ich steckte meinen Kopf aus dem Zelt, den Rest ließ ich drin – ich wollte unseren Nachbarn nicht noch einmal durch den Anblick meiner Shorts beleidigen.

»Gibt es hier einen Supermarkt, wo man Frühstück kaufen kann?«

»Klar«, raunzte unser Nachbar, »gleich neben dem Eingang. Aber nur textilfrei.«

Ritterhaft ging ich der Nicht-Kleiderordnung entsprechend los, Birgit blieb im Zelt. Es war ein winziger Tante-Emma-Laden, in dem es von der Anti-Mücken-Kerze bis zum Schlauchboot alles gab, was das Camperherz begehrt. Alles war so durcheinander vom Boden bis unter die Decke in die winzigen Gänge gestapelt, dass man sich nicht umdrehen konnte, ohne irgendetwas zu streifen – was schon angezogen eher unangenehm gewesen wäre. Allerdings nicht so unangenehm wie die Begegnung mit anderen Einkäufern, an denen man sich dann vorbeiquetschen musste – freilich völlig natürlich und ungezwungen. Ich riss mich zusammen, peilte die Frühstücksecke an. Die Brotlaibe, Semmeln und Croissants lagen aufgestapelt auf einem Tisch, unverpackt – auf Hüfthöhe. Links und rechts, hinten wie vorne schlängelten sich die Leute daran vorbei. Es dauerte keine Hundertstelsekunde, bis ich wusste, was wir an diesem Morgen bestimmt nicht essen wollten. Wir packten und fuhren davon. Allerdings denke ich heute noch über den Satz nach, der mit rotem Filzstift auf einem Pappschildchen geschrieben stand, das an diesem Brot-Tisch pinnte: »Das Berühren der Ware verpflichtet zum Kauf!«

Auf dem Klo von Sylvester Stallone

Manche Menschen zelten nie, und das aus einem ganz bestimmten Grund. Nicht das Auf-dem-Boden-Liegen stört sie, auch nicht das provisorische Kochen, und eigentlich auch nicht das fehlende feste Dach über dem Kopf. Es geht vielmehr um eine Sache, die jeder Mensch, ob zivilisiert oder nicht, in irgendeiner Form überall auf der Welt braucht: das Wasserklosett, das 00, die Toilette, das Häuserl, das oft so gar nicht stille Örtchen – das Klo. Es soll Menschen geben, die beim Anblick von Campingplatztoiletten eine Art präventiven Darmverschluss bekommen. Andere wiederum halten deren Benutzung nur aus, wenn sie mit Sagrotan-Tüchern anrücken, sich hinterher duschen und ihre Zehen unter der Anti-Pilz-Brause spülen.

Auf unseren Zeltreisen sind wir auf die unterschiedlichsten WC-Formen gestoßen, von der sich selbst kompostierenden Naturlösung über die erfrischende Schneevariante bis hin zur spartanischen Tonnenversion mit Panoramablick. Mittlerweile vergeben Jochen und ich Sterne.

Und wir sind sehr genügsam geworden, was uns wesentlich von unseren Landsleuten unterscheidet. Denn vor allem Deutsche neigen dazu, teutonische Toiletten für die saubersten der Welt zu halten, weswegen für viele schon beim Überqueren der Alpen die Probleme beginnen. Denn dort wartet – bevorzugt auf Campingplätzen – noch immer das italienische

Stehklo, das da aber türkische Toilette heißt, das *bagno turco*. Obwohl es im Grunde viel hygienischer ist, vor allem in heißen Gegenden, brechen viele in Weh und Ach aus angesichts der porzellanumrandeten Löcher mit den seitlichen Trittrinnen. Nicht nur Deutsche haben damit so ihre Probleme. Unvergessen die amerikanische Touristin, die auf einem wunderschönen Platz nahe Cinque Terre in Ligurien die Toilettentür öffnete und fragte: »And where's the toilet?«, »und wo ist die Toilette?«

Als ich ihr behutsam erklärte, dass sie bereits direkt davorstand, weiteten sich ihre Augen und sie sagte: »I can't do that!«, »das kann ich nicht!«

Dabei hätte diese Sanitäreinrichtung zumindest einen Stern verdient – denn sie hatte wenigstens eine Tür. Das ist unsere Minimalanforderung, die zum Beispiel im verschneiten Rocky Mountains Nationalpark unterschritten wurde. Denn dort verschwinden im Winter die nahe den Zeltplätzen aufgebauten Trockentoiletten unter den Schneemassen. Es gibt dann nur noch die Natur – aber trotzdem strenge Regeln. Die oberste und wichtigste lautet: »Leave no trace«, »hinterlasse keine Spuren«. Das bedeutet, dass sogar der Gebrauch von Klopapier verboten ist, was zu einer abartigen Abort-Form führt: der Schneetoilette. Deren Benutzung schon aus anatomischen Gründen für Frauen wieder einmal schwieriger ist als für Männer. In Büchern über Zelten im Schnee, die in den Rocky Mountains zuhauf verkauft werden, gibt es ganze Kapitel über das korrekte Austreten im Park. Ich hätte so eins mal lieber lesen sollen, vor meinem ersten Praxistest, denn ich kannte den entscheidenden Kniff nicht.

Wir saßen gemütlich auf einer Lichtung vor unseren Zelten. Ich wühlte mich ins Gebüsch, durch den von der Sonne aufgeweichten Schnee, in den ich manchmal bis zu den Hüften einsackte. Gemäß den Belehrungen unserer amerikanischen Freunde Diane und Todd versuchte ich, ein kleines Loch zu graben. Das »kleine Loch« wurde zu einem ausgewachsenen Schützengraben, weil ich selbst immer mit hineinsank. Wer jemals einen Ski im Pulverschnee verloren hat oder mit seinem Snowboard im Tiefschnee hängen geblieben ist, kann sich vorstellen, welche Sisyphos-Arbeit ich da verrichtete. Mit der Vorbereitung einer Schneetoilette sollte man lieber beginnen, wenn's noch nicht so dringend ist, dachte ich mir. Ich hatte schließlich eine etwa einen Meter tiefe Grube gebuddelt – in der ich selber mit drin stand. Dann formte ich aus Schnee kleine Bälle, die als Toilettenpapier dienen sollten. »In dreieckiger Form geht's am besten«, hatte Diane gesagt. Was soll ich sagen, es war kalt. Und kratzig. Den Schützengraben musste ich natürlich auch wieder zuschaufeln. Nach einer Weile hatte ich die komplette, zuvor völlig unberührte Schneefläche hinter dem Gebüsch umgegraben. Pulverschnee hing mir an der Mütze, im Schal, am Anorak.

Als ich nach ewigen Zeiten also zu unserem Lagerplatz zurückkam, lachten Diane, Todd und Jochen, als hätte ich mich hier in der Wildnis plötzlich als Clown mit Pappnase verkleidet. Diane fragte schließlich, warum ich aussähe wie ein Schneemann, was ich mit den anstrengenden Grabarbeiten erklärte. Und sie lachten noch mehr, bis Diane fast keine Luft mehr bekam. »Du hättest doch nur deine Schneeschuhe anziehen müssen!«, sagte sie zwischen zwei Prustern. Für die paar Schritte war ich schlicht zu faul gewesen, die Teller wieder anzuschnallen. Aber sie hätten das Leben tatsächlich viel einfacher gemacht.

Eine andere Toilette hatte zwar auch keine Tür – bekam aber trotzdem einen Stern. Sie stand in den San Juan Mountains in Colorado. Dort stapften wir am ersten Tag einer längeren Skitour durch die verschneiten und völlig einsamen Berge, als wir auf einmal von einem Mann überholt wurden, der auf seinem Rücken eine durchlöcherte Metalltonne trug. »Heho«, sagte er, »that's a new crapper barrel.« Unsere amerikanischen Reisegenossen verzogen das Gesicht bei dem Wort *crapper barrel,* das beschönigend übersetzt so viel heißt wie »Jauche-Fass«. Peter, der *barrel man,* so stellte sich heraus, war bis vor einem halben Jahr IT-Fachmann in Denver gewesen. Weil der knapp Vierzigjährige sein Leben nicht mehr länger mit Bits und Bytes, sondern in der Natur verbringen wollte, hatte er seinen gut bezahlten Job an den Nagel gehängt und sich eine Arbeit in einem der staatlichen Wälder gesucht. Das erste Angebot nahm er an, und so verbrachte er seine Tage nun damit, auf Skiern durch die Berge zu fahren und neue *crapper barrels* zu Hütten und Zeltplätzen zu bringen. Die vollen musste er zum Glück nicht abholen, die lud alle paar Wochen eine Frau auf ein Lama und transportierte sie ins Tal. Nach einem kurzen Pläuschchen glitt Peter davon. Stunden später, als wir am Lagerplatz ankamen, sahen wir, wie das *crapper barrel* funktionierte. Es stand im Wald, unter einem Holzgestell, auf das eine Klobrille genagelt war. Auf dem Tonnendeckel war ein Schild mit drei Ausrufezeichen angebracht: »Please don't deposit on the lid!!!«, »bitte nichts auf dem Deckel ablegen«. Derjenige, der diesen Freiluftthron gebaut hatte, auf den man über eine große Stufe hinaufklettern musste, hatte dabei, so schien es, vor allem auf eins geachtet: die schöne Aussicht, den wunderbaren Blick auf die Mount Sneffels Range, einen mehr als viertausend Meter hohen Gebirgszug. Dafür bekam diese Toilette ihren Stern.

Solche Örtchen sind im Sommer eine völlig andere Geschichte. An der Na Pali Küste Kauais durften wir das erleben. Sämtliche Strände gehören zu einem Nationalpark, was wieder die Sache mit den nicht zu hinterlassenden Spuren mit sich bringt. Auf den Campingplätzen stehen Trockentoiletten, eine einfache Konstruktion: auf Stelzen gebaute Hütten mit Fässern darunter. Sie funktionieren nach einem ebenso simplen Prinzip: Nach jedem Besuch wirft man eine Handvoll Blätter hinterher – der Rest erledigt sich von selbst. Auf den ersten Blick vergaben wir mindestens einen Stern, denn die Häuschen hatten Türen. Auf den zweiten sogar zwei Sterne, denn es gab Toilettenpapier – am Ende der Welt. Der dritte Blick war ein Fehler, nach dem ich sofort ins Freie stürmte. Das Klima ist tropisch, feucht-heiß. Die Toiletten stehen in der prallen Sonne. Zwar gibt es auf den hawaiischen Inseln kein einziges gefährliches Tier. Wohl aber gibt es Insekten. Große Insekten. Als ich den Deckel von der Öffnung nahm, war ich verrückt genug, in das Fass zu schauen – dort raschelte ein großes, längliches Etwas mit Fühlern herum. Im Bruchteil einer Sekunde stellte ich mir vor, wie dieses Tier, das da bestimmt nicht alleine war, vielleicht, angezogen durch das hereinfallende Licht, einen kleinen Ausflug machen und in einem für mich sehr ungünstigen Moment durch die Öffnung fliegen wollte. Ich warf den Deckel wieder zu. Über Menschen, die immer Sagrotan-Tücher im Gepäck haben, können wir seitdem nur lächeln.

Einmal durften wir sogar auf Sylvester Stallones Toilette gehen. Zugegeben, es war nicht seine eigene, aber eine, die er bezahlt hatte. Auf Kauai zelteten wir an einem Sandstrand. Zwischen den Palmen standen wunderschöne Villen, mit Holzveranden, Hängematten, Deckenventilatoren. Ein Zeltnachbar erzählte uns, eine dieser Villen gehöre Sylvester Stallone – und der habe dem Campingplatz ein Toilettenhäuschen gestiftet. Tatsächlich prangte an einer der sehr einfach eingerichteten Hütten ein riesiges Schild: »Diese Toilette wurde von Sylvester Stallone erbaut.« Der Rambo-Darsteller hatte bei seinen Dreharbeiten im Dschungel vielleicht eigene Erfahrungen mit sanitären Provisorien gemacht, und danach Mitleid mit den Campern nahe seiner Villa gehabt. Das Hollywood-Klo war großer Gesprächsstoff auf dem Zeltplatz und machte den Aufenthalt außerdem um einiges angenehmer.

Für uns könnte das 00-Problem nie der Auslöser dafür sein, fortan nur noch in Hotels zu nächtigen. Aber ab und an freuen wir uns beim Nachhausekommen doch auch sehr über fliesenweiße Sauberkeit, die Abwesenheit von Krabbeltierchen aller Art und einen rundherum dichten Sichtschutz.

Die Beatles am Gardasee

Einmal suchte ich mit Jochen auf dem Dachboden meiner Eltern nach einem meiner Studienbücher. Wenn ich diese Kammer betrete, mache ich jedes Mal eine Reise in die Vergangenheit. Und finde so viel anderes, dass ich manchmal ganz vergesse, wonach ich eigentlich suche. So auch jenes Mal. Beim Kramen in den Kartons geriet ich an eine Schachtel voller alter Fotoalben. Ich fischte eins heraus. Es war aus rotem Leder, der Einband aufwändig mit einem Zopfmuster geprägt. Vorne drauf prunkte eine Panoramaaufnahme, darunter stand in Goldlettern: »Lago di Garda«. Ich schlug es auf und fand darin vergilbte Farbfotos meines Vaters, auf denen er vielleicht 19 oder 20 war, es musste also aus den Sechzigern sein. Auf den Bildern fläzte mein Vater auf einer Luftmatratze an einem See. Im Hintergrund stand ein Zelt. Ein großes, orangefarbenes Steilwandzelt mit grünen Rändern.

So lange ich denken kann, haben meine Eltern mit meinem Bruder und mir den Urlaub immer in Ferienwohnungen oder Hotels verbracht. Nur ein einziges Mal machten wir Ferien im Dauercamping-Wohnwagen meines Onkels im Bayerischen Wald – Mutter, Vater, Sohn und Tochter, alle schliefen wir in einem Raum. Mein Vater fand es fürchterlich. Eng, unbequem und überhaupt: »einen Schmarrn«. Dass er früher sogar selbst gezeltet hatte, erstaunte mich.

Ich klappte den Karton zu und behielt das rote Lederalbum. Am Abend fragte ich meinen Vater bei einem Glas Rotwein, was es mit den Zeltfotos auf sich hatte. Er war überrascht, als er das Album sah. »Das gibt's noch«, sagte er melancholisch. Und er erzählte uns die Geschichte von sich und seinen beiden Freunden, einer holländischen Familie und einem Berliner, und was die Beatles damit zu tun hatten.

Die Fotos stammten aus dem Jahr 1966 – als mein Vater 19 war. In diesem Alter hatte man damals noch keine große Auslandserfahrung – anders als heute, wo bereits Dreijährige um die Welt fliegen. Mein Vater war trotzdem schon einmal an der Adria gewesen: 1959 nahm ihn ein Onkel mit nach Italien, zum ersten Mal fort aus Deutschland. Luxuriös war dieser Urlaub nicht. Aber dafür sah mein Vater das Mittelmeer, in einer Zeit, in der andere gerade mal an die Seen im Umland fuhren. Und mein Vater verliebte sich in das Land jenseits der Alpen.

Als er den Führerschein hatte, kaufte er sich sofort ein Auto: einen roten Fiat Europa, 48 PS, 1200 Kubik. Von seinen Kumpels hatte damals fast niemand ein eigenes Gefährt. Aber zu oft war er nass geworden auf seinem Moped, zu unbequem war ihm das Zweirad – und vor allem: Er wollte raus, mobil sein, mehr sehen von der Welt. Und so überredete er seine besten Freunde Horst und Karl, mit ihm und dem geliehenen Zelt des Onkels an den Gardasee zu fahren. Die beiden waren noch nie im Ausland gewesen. 550 Kilometer waren es von ihrer Heimatstadt bis nach Desenzano, dem angepeilten Zielort. Die Fahrt in dem kleinen roten Fiat dauerte lang. Die Europabrücke gab es noch nicht, der Weg über die Alpen führte in großen Teilen über die Brenner-

Staatsstraße. Kurz nach Bozen machten die drei Rast. Kaum hatten sie einen Fuß auf italienischen Boden gesetzt, kam ein Alfa angebraust und hielt mit quietschenden Reifen. Heraus sprangen zwei Italiener, die lange Mäntel und große Sonnenbrillen trugen. »Uri-Uri«, riefen sie. Und mein Vater beschrieb uns eine Szene, die wir nur noch aus alten Gangsterfilmen kennen: Sie öffneten ihre Mäntel, an den Innenseiten hingen Uhren über Uhren, Schmuggelware in allen Variationen. Auch an den Armgelenken trugen die beiden Gestalten Uhren bis zu den Ellbogen, im Angebot waren auch dicke Goldketten. »No-no«, sagten mein Vater und seine Kumpels. Aus der Ferne war auf einmal Motorengeräusch zu hören, ein Auto nahte. Und so schnell, wie sie herangebraust waren, sprangen die »Uri-Uri«-Kerle wieder in ihren Alfa und waren weg – noch bevor die Carabinieri um die Ecke bogen.

Beim nächsten Stopp fragte sie ein ölig lächelnder Italiener, ob sie ihm Benzingutscheine verkaufen würden. 1966 kostete Treibstoff in Italien fast das Doppelte wie in Deutschland – und mit den ADAC-Gutscheinen bekamen Urlauber den Sprit billiger. Heiß begehrt waren diese Bons bei italienischen Schiebern, und wer ihnen ein paar Gutscheine verkaufte, bekam leicht selbst Ärger mit dem Zoll. Auch hier war die Antwort der drei Freunde: »No-no.«

Bei Trento verließen sie die Autobahn endgültig und fuhren dann die Gardesana an der Westseite des Gardasees entlang.

Noch nicht einmal geteert war die Straße damals. Der Fiat Europa verfügte zum Glück über ein außergewöhnliches Extra: ein Schiebedach. Die drei Jungs öffneten Dach und sämtliche Fenster und waren bald so weiß wie die Schotterpiste –

von der Staubwolke, in der sie auf Desenzano zuholperten. Um drei Uhr morgens waren sie zu Hause losgefahren – um drei Uhr am Nachmittag kamen sie in dem Badeort an. Zwölf Stunden hatte die Fahrt gedauert, die man heute in vier bis fünf Stunden gemütlich hinter sich bringt.

Reserviert hatten sie nicht auf dem Campingplatz. Der Besitzer, ein Österreicher, machte ihnen keine großen Hoffnungen. Die müden Fahrer suchten den Platz trotzdem ab – und wurden direkt am terrassenartig angelegten Seeufer fündig. Die anderen Gäste hatten ihre Zelte unter den weiter zurückliegenden Bäumen aufgestellt und Gräben ringsherum gezogen. Das fanden die drei zwar ein bisschen seltsam, in der Sorglosigkeit ihrer Jugend kümmerten sie sich aber nicht darum. Ein kurzer Kampf mit Stangen und Plane – und das Zelt stand.

Da kam ein Mann herangeschlendert und wackelte besorgt mit dem Kopf.

»Det jeht nich jut«, sagte er, ein Berliner.

»Da ham schon zwee in de Bäume jehangen«, fuhr er fort und deutete auf die etwas entfernt stehenden Pinien. Weder mein Vater noch Karl und Horst ließen sich davon beirren. Das Zelt stand auf einem traumhaften Platz, fanden sie.

Hunger plagte die weit Gereisten, also suchten sie nach einem Gasthaus. In einer der engen Gassen von Salò wurden sie fündig: Dort stand groß »Schnitzel« auf einer Tafel. Schnitzel – das kannten sie. Also nahmen sie Platz. Sie erwarteten das, was sie von zu Hause gewöhnt waren: Ein riesiges Stück Fleisch, dazu einen Berg Kartoffelsalat und daneben eine Zitrone. Und das Ganze für drei Mark. Dass ein Schnitzel woanders vielleicht ganz anders aussieht – das konnten sie sich gar nicht vorstellen.

Die Schnitzel kamen. Ohne Berge von Kartoffelsalat, ohne Zitrone, sogar ohne Panade und wie sie fanden, hauchdünn – davon hätte jeder von ihnen zehn essen können. Was für eine Enttäuschung. Aber es kam noch schlimmer. Am Nebentisch aß eine Familie Pizza. Mit den Händen. Die drei Jungs hatten bis dahin weder Pizza gesehen noch, dass man in einem Lokal ohne Besteck isst. Der geschmolzene Käse auf diesem Fladen voller Tomatenmatsch zog und zog sich so in die Länge, dass Karl voll Grauen den Blick abwenden musste. Dieses Erlebnis war für die jungen Männer wohl ungefähr so, als würde heute jemand am Nebentisch mit den Füßen einen Teller Heuschrecken essen.

Horst und Karl beklagten sich bei meinem Vater. Wo er sie denn da nur hingeschleppt habe, warfen sie ihm vor. Sie fürchteten, in den geplanten zwei Wochen kläglich zu verhungern. Fast 40 Mark ärmer – damals ein kleines Vermögen – und mit immer noch knurrendem Magen verließen sie das Lokal. Um die Laune seiner Freunde zu heben und sie vielleicht doch noch mit den einheimischen Spezialitäten zu versöhnen, kaufte mein Vater eine Flasche Cinzano. Aber das unbekannte Gesöff wollte weder dem einen noch dem anderen so recht schmecken, und überhaupt hatten sie noch viel zu viel Hunger. Also trank mein Vater die Flasche alleine aus. Nach der langen Fahrt und dem wenigen Essen haute der Wermut den 19-Jährigen um. Schwer kämpfte er in der Nacht mit dem Zelt, das auf einmal rundherum zugenäht schien, bis sich Karl erbarmte und ihm den Weg hinaus wies. So endete der erste Tag der Abenteuerfahrt.

Einen Moment hielt mein Vater inne in seiner Erzählung und nahm einen großen Schluck Rotwein. »Die Welt ist so klein geworden«, sagte er nachdenklich. »Heute gehört der Gardasee fast zu unserem Vorgarten. Damals war das alles so weit weg, so anders.« Allein die Fahrt auf den unbefestigten Straßen sei für ihn aufregend gewesen. »Wir hatten ein ganz anderes Gefühl für Entfernungen als heute, wo man einfach so überall hinfliegen kann«, sagte er.

Am dritten Tag baute eine holländische Familie mit zwei Kindern ihr Domizil neben dem Junggesellenzelt auf. Anhand eines großformatigen Plans stellte der Familienvater ein voluminöses Zelt in die pralle Sonne. Hinein luden sie aus einem Anhänger Regale, Töpfe, Geschirr, Pfannen – alles, was ein vierköpfiger Haushalt braucht. Und wieder näherte sich der Berliner und warnte: »Da ham schon zwee in de Bäume jehangen!« Aber auch die Niederländer schlugen seine Worte in den – bereits aufziehenden – Wind. Kaum war das Zelt fertig aufgebaut, sprang die Familie wieder in ihren Volvo und brauste davon. Das Vorzelt ließen sie offen. Das laue Lüftchen, in dem mein Vater kurz vorher noch auf seiner Luftmatratze im See gedümpelt hatte, frischte auf zu einer steifen Brise. Die Jungs rammten die Heringe tiefer in die Erde und zogen die Zeltschnüre fest.

Der Gardasee ist berühmt für seine Gewitter, die plötzlich aufziehen und gewaltig sein können. Oft hagelt es mitten im Hochsommer, manchmal so heftig, dass die Hänge des Monte Baldo bis ins Tal mit einer zentimeterdicken Graupelschicht bedeckt sind. Das wussten die drei Freunde aber nicht, genauso wenig wie die holländische Familie.

Der Wind zerrte an dem Zelt, so sehr, dass mein Vater und seine Kumpels ins Auto flüchteten, aus Angst, mitsamt der orange-grünen Plane in den See geweht zu werden. Um den anbrausenden Wind wenigstens ein bisschen abzuschwächen, stellten sie das Auto als Schutz vor das Zelt und wickelten schließlich noch das Abschleppseil rund um das Gestänge. »Der Gardasee hat gekocht«, sagte mein Vater. Keiner der drei hatte gedacht, dass es auf einem See so hohe Wellen geben könnte.

Der Wind fuhr mit aller Gewalt in das geöffnete Vestibül des holländischen Zelts, blähte das Ungetüm auf, warf es hin und her – und schließlich war es so weit: Das gesamte Holland-Haus hob sich und wurde vom Wind ungefähr zehn Meter weit verschoben. Der komplette Inhalt – Töpfe, Pfannen, Geschirr, Schüsseln und Regale – verteilte sich mit lautem Geschepper über die Wiese und wurde vom Wind davongepeitscht. Das leere Zelt hob ab und blieb in einem Baum hängen. »Genau da, wo der Berliner vorausgesehen hatte«, sagte mein Vater.

Das Trio beobachtete das Spektakel aus dem Auto, atemlos, in jeder Sekunde damit rechnend, dass das eigene Obdach den gleichen Weg nehmen würde. Aber das orange-grüne Zelt blieb stehen. Als die holländische Familie zurückkam, war der Vater fassungslos, die Mutter weinte, die Kinder schrien. Auch das sahen die Freunde vom Auto aus. Und wieder tauchte der Berliner auf – aber nicht, um mit einem triumphierenden »Det ha ick ja gleich jesacht« an seine soeben erfüllte Prophezeiung zu erinnern, sondern als Retter in der Not: Er ließ Frau und Kinder in seinem kleinen Bungalow übernachten, der Vater zog in den Volvo.

Der Sturm allerdings hielt an, und die drei Jungs saßen in dem Fiat Europa fest. Einer von ihnen drehte an dem Autoradio herum – und fand einen Sender, der Beatles-Lieder spielte. Es war der 24. Juni 1966 – die Nacht des legendären Auftritts der Pilzköpfe im Münchner Circus-Krone-Bau. Mein Vater hat das gesamte Konzert miterlebt, live, im Auto, im Sturm. Bis morgens um vier hat der Sender damals auch nach dem Konzert Beatles-Lieder übertragen, bis der Wind nachließ und mein Vater und seine Freunde ins Zelt zurückkehren konnten.

Nach zwei Wochen fuhren die drei wieder zurück. Der Sommer, in dem sie alle 19 waren, verging, und noch ein paar Sommer mehr, jeder fand eine Frau, heiratete, bekam Kinder. Und fuhr mit der eigenen Familie nach Italien. Die Straßen waren mittlerweile geteert, die Europabrücke fertig, Reisen wurde einfacher, die Welt kleiner. Mit zwei Jahren stand ich zum ersten Mal am Ufer des Gardasees, nicht weit von der Stelle, an der mein Vater gezeltet hatte. Gewohnt haben wir aber in einem kleinen Bungalow, wie zuvor der Berliner.

Mein Vater klappte das Fotoalbum zu. »Als ihr auf der Welt wart, und ich mit euch und eurer Mutter wegfuhr«, sagte er, »wollte ich unbedingt, dass es euch auch wirklich gefällt in Italien. Und da sah ich auf einmal das Zelt des holländischen Vaters vor mir, wie es da im Baum hing, und wie seine Frau und die Kinder weinten. Da habe ich beschlossen, nie mit euch zu campen.«

»She loves you« war die erste Platte, die sich mein Vater gekauft hat.

Du bist nie allein

Am frühen Morgen, wenn die ersten Sonnenfinger durch die geweiteten Nähte unseres alten Zeltes pieksen und die blaue Kuppel im Licht des anbrechenden Tages erstrahlt, haben wir immer schon Besuch. Es sind geduldige, aber auch sehr aufmerksame Gäste, die im Vestibül darauf warten, dass wir endlich aufstehen und zu ihnen kommen. Dass wir ihnen etwas zu essen anbieten. Je nachdem, in welchem Land wir uns gerade befinden, heißen die Besucher vornehm angeredet Anopheles stephensi, Aedes aegypti, Culex quinquefasciatus oder Culex pipiens. Wenn man sie näher kennt, so wie wir, kann man aber auch einfach Moskitos zu ihnen sagen. Als Geschenke bringen sie hin und wieder eine Krankheit wie Malaria, Dengue-Fieber oder das Nil-Virus, auf jeden Fall aber einen roten Fleck auf der Haut, der juckt.

Nur ein Netz trennt uns von ihnen, dünn wie ein Nylonstrumpf. Deshalb kommen sie uns im Schlaf so nahe, dass wir manchmal von ihrem Surren aufwachen. Aber das Netz schützt uns – so, wie ein eiserner Käfig die Taucher schützt, die weiße Haie mit blutigen Fleischbrocken anlocken. Und so, wie diese Fressmaschinen mit Flossen immer und immer wieder die Taucherkäfige rammen, starten die Stechfliegen vergebliche Sturzflugangriffe gegen unseren undurchlässigen Eingang, den wir in besonders harten Belagerungszuständen zusätzlich mit Insektenspray imprägnieren.

Wenn wir dann so daliegen am frühen Morgen und uns

vorstellen, wie die da draußen darauf lauern, uns ihre nadelspitzen Saugrüssel in den Nacken zu bohren, in die Hände und die Wangen, haben wir es gar nicht mehr eilig, unsere Füße – ihr Frühstück – auf den Tau der Wiese zu setzen. Dann bleiben wir einfach liegen und verzögern den Moment immer wieder, in dem wir schließlich hinaus und auf die Toilette müssen. Dann wissen wir wieder einmal, warum eine alte Weisheit des Zeltens lautet: Du bist nie allein.

Das fängt an mit den Ameisen und dem offiziellen Streichorchester eines jeden im Süden gelegenen Campingplatzes: den Zikaden. In Sardinien zirpten sie so laut, dass unser verzweifelter Nachbar Wasser in die Büsche spritzte – was sie tatsächlich für wenige Augenblicke beleidigt verstummen ließ. Schließlich fanden Birgit und ich heraus, dass wir unsere Uhr nach den schrillen Nervensägen stellen konnten, genau wie es Cesare, der freundliche Junge an der Rezeption, erklärt hatte: »Bis 20 Uhr ist Krach, dann eine Stunde Abendessen, dann noch eine Stunde Krach, um zehn gehen sie schlafen.«

Um einiges aufregender ist natürlich das Leben der Tiere in exotischeren Ländern. Zum Beispiel im endlosen Blau des Pazifiks, auf der hawaiischen Insel Maui. In einem wunderbaren, von der Protestant Episcopal Church of the United States of America betriebenen Camp direkt am Meer, das uns die einladendsten Annehmlichkeiten bot. Die Plätze waren großzügig geschnitten und schattig. Es gab warme Duschen, Picknickbänke und Feuerstellen. Um den Komfort noch zu erhöhen, waren überall große alte Teppiche ausgerollt und mit Bolzen fest in der Erde verankert worden, als Unterlage für die Zelte. Dadurch hatten wir einen weichen Grund, in den wir die Heringe leicht hineinbrachten, und vom Staub blieben wir angenehm verschont. Das fanden wir schon sehr nett von der Protestant Episcopal Church, dass sie sich so sehr um uns bemühte. Wenn Dummheit klein machen würde, hätten wir unter diesen ausgerollten Teppichen Fallschirm springen können. So aber dauerte es noch ein, zwei Tage, bis uns der entomologische Zusammenhang von feucht-heißem Klima, Speiseresten und dunklen Ritzen im Boden ein für allemal bewusst werden sollte. Ein Boden, der sich bald zu bewegen schien, so viele Ameisen, Käfer und Kakerlaken kamen darunter hervor.

Schneller ging es mit der Bekanntschaft eines anderen Mitbewohners. Das war an einem dieser schönen hawaiischen Abende. Die Sonne ging spektakulär in satten Orangetönen unter. Wir setzten uns zum Abendessen auf unsere Picknickbank. Birgit trug eine große rote Hibiskusblüte im Haar. Nach dem Essen machte ich den Abwasch.

Die dafür vorgesehene Wasserleitung kam irgendwo aus dem Gestrüpp. Darunter war ein Waschbecken mit dickem Draht und Holzlatten an einem Baum befestigt. Wie simpel der Abfluss konstruiert war, kapierte ich erst, als mir die ganze Pampe aus Wasser, Seife, Fleischresten, Brot und Ketchup über die nackten Füße lief. Ich fluchte, da raschelte es plötzlich im Unterholz – und eine Ratte, groß wie ein Karnickel, schwarz wie die Pest, plumpste mit dem Geräusch eines nassen Putzlumpens in das Becken. Ich schrie auf, machte einen Satz zurück und ließ das Blechgeschirr mit einem lauten Scheppern fallen.

Birgit kam angerannt. »Was ist los? Was ist passiert?«

Sie hatte entspannt vor dem Zelt gesessen und den Sternenhimmel betrachtet. Sie war erschrocken und dachte, mich hätte jemand überfallen.

Wir gingen vorsichtig, Schritt für Schritt, Schulter an

Schulter in Richtung Waschbecken, die Taschenlampen im Anschlag wie römische Legionäre ihre Speere. Das Wasser lief noch immer aus dem Hahn. Als wir über den Rand des Beckens schauten, saß darin im Spot unserer Lampen diese gigantisch fette Ratte, auf ihren Hinterbeinen, in unseren Tellern. Sie leckte mit einer langen, rosa Zunge und zitternden Barthaaren am Wasserstrahl, so laut, dass wir es hören konnten – so, wie man einen Igel zufrieden schmatzen hört, wenn er Milch aus einem Napf trinkt. Vor lauter Ekel fing meine Lippe an zu kribbeln, und ich dachte, ich kriege auf der Stelle Herpes. Was aber wirklich seltsam war: dass wir das Tier nicht das kleinste bisschen störten. Welche Art von Krankheit mochte es haben – Tollwut, Rattenwahnsinn oder eine namenlose tropische Seuche? Wir schmissen Kiesel nach dem Vieh, bis es die Wasserleitung entlang verschwand, seinen nackten Schwanz hinter sich her ziehend. Die Teller flogen in den Müll, und wir beschlossen, am nächsten Tag die Camp-Leitung zu alarmieren.

Das Mädchen an der Rezeption nahm unsere Bedenken freundlich lächelnd, mit hawaiischer Hängematten-Entspannheit, also ohne jedes erkennbare Interesse zur Kenntnis. Sie versprach, alles dem Chef zu erzählen, der später bei uns vorbeikommen werde. Und er kam tatsächlich. Sein Name war Norman – wie Norman Bates, der ödipale Killer aus Hitchcocks Thriller »Psycho«. Aber unser Norman war okay. Ein ganz ein sanfter Mensch, ein kirchlich engagierter. Der hatte ein offenes Ohr für alle, alle Lebewesen dieser Welt. Das konnten wir schon an seinem T-Shirt erkennen, das mit sämtlichen auf Hawaii vorkommenden Käferarten plus ihren lateinischen Bezeichnungen bedruckt war. Wahrscheinlich hatte Norman außerdem ein Rasta-Gelübde abgelegt, seine

Haare nie wieder zu waschen. Jedenfalls sah seine Mähne aus wie ein geplündertes Vogelnest. Auf seiner Schulter saß ein roter Papagei, der schon von weitem »A-loha-loha« krächzte. Zwischen pazifischem Hirschhorn und grünem Mistroller auf Normans T-Shirt klebten Spritzer von Kacke des sprechenden Vogels. Die Ratte, ja, die kenne er schon, sagte Norman sehr langsam mit glasigem Blick auf das Meer, als erwarte er von dort eine Flaschenpost, in der vielleicht eine Erklärung für das komische Verhalten dieser zwei bleichgesichtigen Europäer geschrieben stehen könnte, die sich von einem possierlichen Nagetier auf die Palme bringen ließen. Von seiner Gleichgültigkeit gereizt, redeten Birgit und ich durcheinander von der großen Gefahr, die unserer Meinung nach zweifellos von der Ratte ausging. Von den Bazillen und Krankheiten, die sie hundertprozentig in sich trug.

»Ihr habt wahrscheinlich Recht«, sagte Norman plötzlich inmitten eines unserer Sätze, und wir waren erleichtert, dass er endlich reagierte, wie man es von einem verantwortungsbewussten Campingplatz-Chef erwarten konnte.

»Bestimmt ist diese Ratte wirklich krank«, sagte Norman, »warum sonst sollte sie so nahe an den Menschen herangehen?«

Er machte eine Pause – der Albert Schweitzer Polynesiens und Franz von Assisi von Maui –, dann schüttelte er den Kopf und meinte ganz betroffen: »So weit ist es schon gekommen mit unserer Zivilisation. Diese Zutraulichkeit. Es muss eine schlimme psychische Krankheit sein. Vielleicht eine Art Hilferuf.«

Wir schauten uns nur an.

»Gut, dass ihr mir von der Ratte erzählt habt. Vielleicht kann ich ja etwas für sie tun. Was meinst du, Captain Cook?«

»A-loha-loha!«, krächzte der Papagei.

»Oh, ja«, sagte Norman noch versonnen, »jede Spezies hat ihre eigene Krankheit.« »Every species has it's own disease.« Das sagte er und ließ uns einfach stehen. Captain Cook kackte ihm aufs T-Shirt.

Françoise war da schon ein anderes Kaliber. Auch sie trafen wir auf einer Insel, dieses Mal in der Südsee, auf Huahine in Französisch-Polynesien. Wir zelteten am Strand. Der Ausblick war wunderschön: Das Gleißen des ruhigen, türkisen Pazifiks, die bergige Silhouette der Insel Bora Bora am Horizont. Der Platz hatte alles, was wir brauchten. Es gab sogar eine Küche mit Kühlschrank – eine Art Bretterverschlag mit drei Schichten Moskitonetz vor den Fenstern und zwei Türen, auf denen in mehreren Sprachen »Immer geschlossen halten!!« stand, ohne ein »Bitte«, dafür mit zwei Ausrufezeichen. Wieder einmal war uns der Effekt nicht sofort klar, den das Zusammenspiel von Hitze, Feuchtigkeit und zwei Dutzend Küchenbenutzern mit laschem Verhältnis zum Abspülen auf die mannigfaltige Tierwelt Polynesiens haben könnte.

So saßen wir arglos an einem jener heißen, gleißenden, türkisen Nachmittage an einem Plastiktisch im Schatten und beschäftigten uns mit dem »Lonely Planet«-Reiseführer und zwei Gin Tonics. Plötzlich stürmte Françoise aus der Küche – zwei lange Messer links und rechts in den Händen. So sahen wir sie zum ersten Mal. Sie verstieß eindeutig gegen die Camping-Vorschriften, indem sie die Küchentür nicht sofort hinter sich schloss. Sie brüllte und rannte direkt auf uns zu. Bevor ich aufstehen und mich schützend über Birgit werfen konnte, schrie Françoise wie Russell Crowe in der finalen Szene des Spielfilms »Gladiator« und stürzte mit einem Knurren vor uns auf die Knie. Sie hob beide Hände mit den langen Messern über ihren Kopf und hackte links und rechts in den Sand ein, links und rechts, so schnell und effektiv wie ein Sushi-Meister auf sein Sashimi. Dabei hörte Françoise nicht auf, tierische Wutlaute von sich zu geben. Ihre langen, blonden Haare flogen wie die Zotteln eines Heavy-Metal-Gitarristen. Wir saßen fassungslos da. Dann stand Françoise auf und sagte: »Noch mal Glück gehabt.«

Vom Küchenfenster aus hatte sie ein Exemplar des gefährlichsten Landtiers Französisch-Polynesiens entdeckt: einen fingerdicken Tausendfüßler, der sich an uns herangerobbt hatte. Erst einmal an den Zehen seines Opfers angelangt, wickelt sich das schwarzglänzende, bis zu 20 Zentimeter lange Tier um den Fuß und injiziert ein Gift, das brennt und schmerzhafte Entzündungen verursacht.

Wir sagten »Merci« und hatten eine neue Freundin.

Ein anderes Mal metzelte Françoise eine Spinne nieder. Wir nahmen jedenfalls an, dass sie es war. Wir konnten uns nicht vorstellen, dass ein anderer Mensch auf diesem Campingplatz dazu fähig gewesen sein könnte, ein Insekt zu zerstückeln, das einen Hinterleib hatte wie eine Männerfaust. Auch am Kadaver waren die imposanten Ausmaße noch deutlich zu erkennen. Der Spinnen-Matsch lag eines Morgens im Waschbecken in der Küche und verstopfte den Abfluss. Es war furchtbar, aber unbedingt notwendig: Die Insektenleiche musste weg. Wir hätten niemals gewagt, Abwaschwasser über ein Tier dieser Größe sickern zu lassen. Wer weiß, ob eine solche Verabreichung von Fleischstückchen, Öl, Salatvitaminen und Orangensaft eine tote Spinne nicht wieder mit neuem Leben erfüllt. Ich sah Birgit an. Birgit sah mich an. Ich nahm eine Gabel und wünschte, mein Name sei Françoise.

Am selben Nachmittag trafen wir am Strand eine Engländerin, die uns auf weitere Bekanntschaften vorbereitete. Sie sagte: »Da war etwas in den Ritzen der Dusche. Alles, was ich sah, waren haarige Beine.«

Von diesem Moment an stellten wir uns nur noch mit Gänsehaut unter die Brause. Die Fliesen hatten ringsum Sprünge, und wenn wir einen davon fixierten, konnte aus einem anderen jederzeit etwas auf unseren Rücken hüpfen. So drehten wir uns beim Waschen im Kreis. Schließlich redeten wir uns ein, dass die Duschbewohner – was immer sie auch sein mochten – bestimmt keine Seife leiden konnten. Wir beschlossen, dass wir ganz bestimmt vor ihnen sicher seien, blieben aber trotzdem in Bewegung. Diese Technik der Selbsttäuschung funktionierte bei den haarigen Beinen halbwegs gut, versagte aber bei den Kakerlaken. Die, groß wie reife Datteln, waren wirklich nicht mehr schönzureden. Aber es half, ihnen Kosenamen zu geben. Auf Vorschlag eines jungen Kaliforniers tauften wir sie allesamt Phil. Wir schrien von da an nicht mehr »Igitt!«, wenn wir eine von ihnen sahen, sondern sagten ironisch-freundschaftlich: »Oh, da kommt Phil.«

Wir mussten dann über uns selbst lachen – eine gute Basis für eine friedliche Koexistenz. Am Tag ließen uns die Schaben in Ruhe und wir sie – solange sie nicht in Hauweite der Badelatschen waren. Aber in einer Nacht, als ein tropischer Sturm tobte und der Regen wie ein Fluss aus dem Himmel stürzte, gab es eine unfreiwillige Begegnung. Bei vielen Zelten rissen die Nähte im Wind, Wasser lief herein, und die meisten Camper gaben auf. Sie zogen die Stangen aus ihren Behausungen und beschwerten die Planen mit Steinen, damit sie nicht davonflogen. Dann flüchteten sie ins Trockene. Manche setzten sich in die kleine Küche, andere mieteten sich eine der Hütten. Aber alle mussten sie ihr Obdach teilen.

Denn Phil und seine Freunde waren schon lange vor ihnen eingezogen. Die Kakerlaken sprangen von den Türrahmen herunter, aus den Abflüssen und unter den Matratzen hervor. Und wenn einer der Camper einen Besen zur Hand nahm, um die Viecher zu verscheuchen, rannten die Schaben zwischen den Kehrborsten heraus und flitzten über die nackten Füße. So erzählten uns die Camper am nächsten Morgen, an dem sie alle unter dem Dach vor der Küche saßen und ihre nassen Sachen trockneten. Ihre Augen waren klein und rot, weil sie nicht geschlafen hatten. Aber, das muss man ihnen lassen, sie blieben bei der vertraulichen Anrede Phil.

Birgit und ich lernten zwei Dinge in dieser stürmischen Nacht. Erstens: Nirgendwo ist der Schlaf sicherer vor unerwünschten Besuchern als in einem Zelt. Reißverschluss zu – und alles, was mehr als zwei Beine hat, muss draußen übernachten. Zweitens: Unser Zelt ist robust wie das Iglu eines Eskimo-Stararchitekten. Es hat keinen großen Namen, ist die billige Hausmarke eines Sportgeschäftes, hat nicht einmal 150 Euro gekostet – und war doch eines der wenigen, die standhaft geblieben sind und trocken. Heute noch zeugen die geweiteten Nähte vom Kampf des Materials gegen den Südseesturm. Wir sind sogar ein bisschen stolz auf diese Blessuren. Es sind dieselben geweiteten Nähte, durch die am frühen Morgen die ersten Sonnenfinger pieksen, wenn draußen die Moskitos darauf warten, dass es endlich Frühstück gibt. Irgendwann müssen wir dann raus, trotz der Insekten. Es hilft nichts, genug Zeit geschunden, genug in Erinnerungen gekramt. Zuerst klopfen wir gegen das Moskitonetz, damit die Blutsauger auffliegen. Vorsichtig öffnen wir den Eingang, schlüpfen aus dem Zelt. Hinein in einen neuen Tag für uns. Mit ihnen.

Sex and the Campground

Dies ist eines der kürzesten Kapitel unseres Buches. Und das hat seinen Grund. Gewidmet sind diese Zeilen unter anderem einem tätowierten Neuseeländer und seiner Freundin mit Zahnlücken, die an einem heißen Nachmittag auf Elba laut fluchend eine Flasche Gin leerten, anschließend in ihr rotes Einmannzelt fielen und ein derartiges Gestöhn und Gekreisch machten, dass die Mütter ihre Kinder aus dem Schatten hinunter zum Strand zerrten, die kleinen Sonnenmützchen ganz fest über den Ohren. Wir widmen dieses Kapitel dem französischen Pärchen, das an der Mecklenburgischen Seenplatte so eng aufeinander nächtigte, dass es vor lauter Schweiß und Sauerstoffverbrauch den Eingang seines Zeltes öffnen musste – und dann ausflippte, als es vom Schein unserer Taschenlampe erfasst wurde, der uns wirklich nur den Weg zum Klo zeigen sollte.

Wir schreiben dies für Daniele, den Italiener, der mit diesem unglaublich schönen belgischen Mädchen zwei Wochen auf Sardinien verbrachte, im Zelt, weil sie darauf bestand. Sie meinte, dass das schon klappen würde, Daniele und sie unter einem niedrigen gemeinsamen Dach, weil sie sowieso nur platonisch befreundet seien. Ihrer Ansicht nach. Daniele fragte das Mädchen am ersten Tag und dann an jedem Tag von Neuem, ob es nicht mal mit ihm in eine Pension gehen wollte. Wenigstens zwischendurch. Wenigstens für eine Nacht. Sie sah keinen Grund. Damit sie sich mal wieder richtig waschen könnten. Damit sie mal in einem weichen, rückenfreundlichen Bett lägen. Nein, nichts für das Mädchen. Damit sie mal allein wären und ihre Ruhe hätten? Sich mal entspannen könnten, so richtig locker lassen gemeinsam? Daniele winkte mit Zaunpfählen und Bettpfosten – es half nichts. Zwei Wochen lang fragte er vergeblich. Auch die letzte Nacht verstrich ereignislos. Sie lagen Rücken an Rücken, in Schlafsäcke verpuppt wie geschlechtslose Raupen. Am Morgen ihrer Abreise war der Himmel voller schwarzer Wolken. Daniele und die Belgierin packten. Sie holten die Außenhülle des Zeltes vom Gestänge. Beim gemeinsamen Zusammenrollen küsste er sie endlich. Und sie küsste ihn. Einfach so. Sie schlüpften eilig ins Zelt, das nur noch eine durchlässige Haut aus leichtem Stoff war. Und in der gleichen Sekunde ging ein Unwetter los, wie es Sardinien selten erlebt hatte. Das Zelt leckte sofort, Daniele und die Belgierin flüchteten ins Auto. Das war's. An Erotik war in dem winzigen Fiat nicht mehr zu denken. Am Nachmittag flog die Belgierin nach Hause und kam nie wieder zurück.

Im Übrigen kennen nicht nur Zelter mit stickigen Kleinwagen das Problem körperlicher Beklemmung, sondern auch Besitzer von Campingmobilen. Denn so großzügig diese Wohnzimmer auf Rädern auch ausgestattet sein mögen – die Schlafstatt ist meist nur eine enge Nische weit über dem Fahrerhaus. Wer sich in diesen Kojen ein paar Mal den Kopf oder das Knie angeschlagen hat, entdeckt gezwungenermaßen entweder die Möglichkeiten seines möblierten Erdgeschosses oder gleich das nächste Motel entlang der Urlaubsroute. Abgesehen davon kommt im Falle einer leidenschaftlichen Anwandlung der Blick in den nächtlichen Abgrund aus einer zwei Meter hohen, mehr oder weniger stark schwankenden Sardinendose sowieso nur für absolut Schwindelfreie in Frage.

Aber wir widmen dieses Kapitel auch – und vor allem – den zwei Unbekannten, Namens- und Nationslosen vom Starnberger See, die mitten in einer vollkommen stillen Vollmondnacht besonders unauffällig sein wollten. Die allein schon ihre Schlafsäcke so behutsam aufzogen, dass jeder Zahn ihrer Reißverschlüsse einzeln krachte. Die am anderen Ende des Campingplatzes zugange waren, und doch anscheinend direkt zwischen uns in unserem Zelt – drei lauschige Stunden lang.

All jenen widmen wir dieses Kapitel – und gestehen: Für eine Sache gibt es tatsächlich etwas Besseres als ein Zelt, vor allem, wenn es neben anderen Zelten steht. Wir denken ausnahmsweise an etwas Schöneres als einen Campingplatz. Zum Beispiel an den Strand. Oder an die Ruine eines alten römischen Amphitheaters. Und wir denken an den Jungen und das Mädchen auf einer Mole vor einem Zeltlager in Levanto, die trotz ihres geringen Alters schon weise genug waren, als Obdach der Liebe nur den Sternenhimmel zu wählen, weit entfernt von allen anderen. Jede Nacht schlenderten die beiden Hand in Hand ans dunkle Ende der Mole, wo schon fast das Meer über ihnen zusammenschlug. Wenn sie zurückkehrten an den Strand, verriet sie nur der leidenschaftliche Kuss, den sie sich gaben. Ein Kuss, den ein Publikum aus Spaziergängern und Eis-Löfflern anschaute wie das Finale einer großartigen Theaterinszenierung mit dem Titel »Jung sein ist schön«. Dann verschwanden der Junge und das Mädchen in der lauen Nacht. In den Waffeln schmolz das Eis.

Zelten mit Goethe

Das Zelt beschäftigt die Phantasie der Dichter, seit nomadisierende Jägervölker im Paläolithikum die mobile Behausung erfanden. Am liebsten benutzen die Größen der Weltliteratur die Metapher des Himmelszelts. Aber auch die Sterne, der Frühling und »die Lieb auf sonn'gen Matten« veranstalten bei Klopstock, Schiller, Eichendorff, Hölderlin, Heine und Goethe Zeltlager. Bei Milton campt sogar Gott. Er hat »ein Wohlgefallen an den Menschen, die ihm gehorchen« gefunden, worauf er »unter ihnen sein Zelt erwählt«. Bei Achim von Arnim dagegen ist es gerade Gottes Widersacher, der eine Art Outdoor-Geschäft betreibt. Im ›Trinklied im Vollmondschein‹ heißt es: »Ja, morgen würd ich's recht bereuen, wenn über uns der Himmel leer. Ich würd' ein neues Zelt mir leihen, und wenn es bei dem Teufel wär.« Wenn es darum geht, aus dem poetischen Wortschatz ein Bild für Geborgenheit und Nestwärme zu entnehmen, ist das Zelt beim ersten Griff dabei.

Im Vormärz ist dies sogar eine Frage von nationalem Rang. Conrad Ferdinand Meyer schreibt: »Geduld! Es kommt der Tag, da wird gespannt ein einig Zelt ob allem deutschen Land!« In seinem ›Eleusischen Fest‹ konstatierte schon Schiller: »Und in friedliche feste Hütten wandelte [die Königin] das bewegliche Zelt.« Doch in seinen ›Räubern‹ ist es die Besiegelung größter Freundschaft, wenn zwei Burschen gemeinsam unter einem Stoffdach im Heereslager liegen. Ohnehin beschirmt das Zelt in den Klassikern vor allem den Krieg führenden, sorgenvollen, wahlweise Ränke schmiedenden Mann. Homers ›Ilias‹ spielt über weite Strecken in Zelten, ebenso die Stücke Euripides' und Shakespeares, Grimmelshausens ›Simplicissimus‹ oder Tolstojs ›Krieg und Frieden‹. In und um diese Camps wird gehadert, gehasst und gekämpft. Bei Heine erwarten die Königinnen »schon kniend den Sieger im Zelt«. Bei Shakespeare ruft Richard III. vor seiner womöglich letzten Schlacht: »Hoch mit meinem Zelt! Hier will ich heute Nacht liegen. Aber wo morgen? Nun, das ist einerlei.«

Doch schon die Verfasser des Nibelungenlieds wussten dem Soldatenleben auch vergnügliche Seiten abzugewinnen. Sie schrieben: »Das Kampfspiel war vergangen, über all dem Feld. Da gingen kurzweilen in manches hohe Zelt die Ritter zu den Frauen um hoher Lust Gewinn. Da vertrieben sie die Stunden, bis sie weiter sollten ziehn.« Kostbare Zelte sind in Wolfram von Eschenbachs ›Parzival‹ Unterpfand heimlicher Minne.

Das Thema der Liebe unter fast freiem Himmel regte zahlreiche Autoren an, lange bevor Michael Ondaatje die Krankenschwester des »englischen Patienten« zu ihrem indischen Liebhaber ins Militärzelt schlüpfen lässt – obwohl es daneben auch eine solide toskanische Villa gäbe. Karl May brachte die Sache ganz einfach auf den Punkt. In seiner Erzählung ›Der Waldläufer‹ spricht der Indianer Kluger Fuchs aus, was heute noch für statusbewusste Frauen gilt: »Die Rose der Comanchen tritt nur in das Zelt eines Häuptlings, der einen großen Namen hat!« Otto Julius Bierbaum postulierte romantischer: »Ein Zelt der Venus sei das Bett der Frau.« Selbst Johann Strauß lockt seine Mirabella in der Operette ›Der Zigeunerbaron‹ unter eine Plane. Danach singt die heiß Begehrte: »Doch bald in seinem Zelt von Seide sprach er zu mir von Lieb' entbrannt. Jetzt sah ich, dass der grimme Heide nicht eine Silbe Deutsch verstand.« Nicht anders geht es heute jungen Mädchen, die in den Schulferien auf dem Campingplatz an der Adria erste Urlaubsbekanntschaften machen.

Auch Goethe spricht ein Problem an, das jeder kennt, der schon einmal mit dem falschen Mann gezeltet hat. In seinem autobiografischen Bericht ›Campagne in Frankreich 1792‹ schreibt er: »Erst spät legt' ich mich ins Zelt und hoffte des tiefsten Schlafes zu genießen; aber die Natur hat manches Unbequeme zwischen ihre schönsten Gaben ausgestreut, und so gehört zu den ungeselligsten Unarten des Menschen, dass er schlafend, eben wenn er selbst am tiefsten ruht, den Gesellen durch unbändiges Schnarchen wach zu halten pflegt. Kopf an Kopf ... lag ich mit einem Manne, der mir durch ein gräßliches Stöhnen die so nötige Ruhe unwiederbringlich verkümmerte.«

An anderer Stelle aber, im ›West-östlichen Divan‹, bezeichnet Goethe das Zelt gleich als eine der »Vier Gnaden«, die Allah den Arabern zuteil werden ließ: »Ein Zelt, das man vom Orte rückt, um überall zu wohnen.« Selbst eine Frauenrechtlerin wie Betty Paoli wünscht sich Mitte des 19. Jahrhunderts schwärmerisch in den verklärten Orient: »O hätt' ich fern von dieser Stelle, wo Lieb' und Hass gleich schmerzlich quält, dort in Arabiens Sandeswelle mein einsam stehend weißes Zelt!«

Tatsächlich haben die Araber, entsprechend ihrer traditionellen nomadischen Lebensweise, die schönsten Texte übers Zelten hervorgebracht. Zum Beispiel »Die Abenteuer des Prinzen Ahmad und der Fee Peri-Banu« aus den ›Erzählungen aus 1001 Nacht‹. Darin geht es unter anderem um ein Zelt, groß genug zu spannen, um den gesamten Besitz des

Sultans bis zum letzten Mann und Kamel zu bedecken, klein genug zu falten, dass ein einziger Mensch es in der hohlen Hand halten kann. Kein Wunder, dass die Araber an ihren Behausungen hängen. Hafez schreibt in seinem ›Diwan‹: »Nur wenn mir einst das Schwert des Todes mein Zelt zerstört, sonst aber nicht, verlasse ich des Glückes Pforte, wo mich Gewohnheit hält und Pflicht.«

Das Zelt als Lebenshülle – dieses Bild findet sich auch bei Hugo von Hofmannsthal. Wir können ihm voll zustimmen, nicht nur, wenn wir mit viel Gepäck reisen: »Was wir aufgehäuft hier innen, lass es leben von den Sinnen! Wohnst du drin: es ist ein Zelt! Blick hindurch: da liegt die Welt!«

Wer lieber harte Fakten über die Beschaffenheit von Zelten lesen will, kann bei Edgar Allen Poe oder Jack London nachblättern – oder gleich bei Daniel Defoes Robinson Crusoe im Detail lernen, wie man aus einem Vormarssegel, einem Rundholz und leeren Kisten einen prima Schutz gegen Sonne, Regen und Menschenfresser bastelt. So oder so ist die literarische Bedeutung des Campens wohl hinlänglich belegt. In diesem Sinne wollen wir mit Arno Holz schließen: »Lebt in Frieden und baut euer Zelt.«

Die Mauer im Meer

Wir suchten Muscheln an der Ostsee und fanden einen alten Mann. Er saß vor seinem kleinen Zelt am Strand von Prerow, in der kühler werdenden Brise des späten Nachmittags, in einem warmen, gelben Licht, und blinzelte zufrieden.

»Wo kommt ihr denn her?«, fing er das Gespräch an. Ein Berliner, der regelmäßig an die Ostsee fuhr, wie er sagte.

»Traumhaft schön ist es hier in der Bucht«, sagte Birgit begeistert, »das Meer anzuschauen, wird einfach niemals langweilig.«

Der alte Mann nickte merkwürdig ernst nach dieser harmlosen Feststellung, wir schwiegen ein Weilchen, und als er merkte, dass wir weiterwollten, erzählte er uns von früher – vom Leben in den Plattenbauten, der Arbeit in der Fabrik und von seiner Sehnsucht nach Natur. Er erzählte, wie er sich so oft er nur konnte an die F 96 gestellt hatte, die Fernverkehrsstraße, die von Ost-Berlin aus in den Norden führte. »Die Route 66 der DDR«, wie der alte Mann meinte, die Tramperchaussee, an deren Beginn ein Anhalter neben dem anderen stand. Es war der Weg in die Freiheit und zum Urlaubsabenteuer, zumindest für ein paar Tage. Autos und Geld waren knapp in jener Zeit, aber mit dem Daumen im Wind gelangte man trotzdem schnell ans Ziel: ein Campingplatz in Heiligendamm oder Nienhagen, am Schaproder Bodden oder in Prora. Dort war es im Hochsommer zwar schon damals überlaufen, aber mit einem Zelt ging meistens immer noch was – das war dann das Gegenteil der engen, grauen Platte. Und dann war man am Meer.

Birgit und ich lächelten verständnisvoll. Wir hatten ein Bild vor Augen von den Gestaden der Ostsee, dieser Masse Wasser, dieser Verheißung von Leben, Entfaltung und Ungezwungenheit. Vom Meer, das Sehnsucht nach der Ferne weckt, das jedem, der mit dem Wind im Haar an seinem Ufer steht, die Möglichkeiten der Weite und Unendlichkeit verheißt, während sich nachts Millionen von Sternen auf der Wasseroberfläche spiegeln.

»Dort war ein Suchscheinwerfer gewesen«, sagte der Mann, »da drüben der nächste. Alle zehn Sekunden strichen sie übers Meer.« In der Bucht lauerten Patrouillenboote der Marine. Jeden mitternächtlichen Schwimmer, der sich zu weit hinausgewagt hätte, hätten sie sofort als Republikflüchtling erschossen. Ruderboote, die man seit je hatte ausleihen können, gab es in Zeiten der Bewachung nicht mehr, damit keiner damit abhaute. So hatte das nämlich ausgesehen, ein bisschen anders als in unserer Wessi-Phantasie. Dem alten Mann jedenfalls war damals die Lust am Baden vergangen. Die Ostsee, ein Sinnbild der Freiheit und Grenzenlosigkeit wie jedes Meer, war für ihn zum Symbol des Eingesperrtseins geworden.

So, wie nun Birgit und ich Muscheln suchten am Strand, war der alte Mann in jenen Jahren unterwegs gewesen, um Treibgut aufzuklauben. Er erzählte uns von einem Turnschuh, wie es ihn in seinem Land nicht gab, einer Cola-Flasche mit amerikanischem Aufdruck und einem Tetrapack Milch aus Schweden. Er erzählte, wie er diese Dinge in die

Hand genommen und sich vorgestellt hatte, wie das Leben wohl sein mochte, dort, wo sie hergekommen waren. So vergingen seine Tage.

Doch irgendwann waren die Patrouillenboote weg, die Ruderboote kamen wieder. Die alten Seebäder strahlten in frischen Farben, wie eben erst erbaut. Die Gäste reisten aus der ganzen Welt an, so viele wie nie zuvor. Schwimmen durften sie, wann immer sie wollten, auch mitten in der Nacht. Der alte Mann musste nicht mehr länger per Anhalter in den Norden fahren. Er konnte sich jetzt ins Auto setzen und direkt nach Schweden rasen, sogar Amerika stand ihm offen. Aber er wollte nicht, nicht mehr. Er kaufte sich ein neues Zelt, das schlug er auf wie immer. So saß er nun in der kühler werdenden Brise da, in der Bucht von Prerow. Er blinzelte zufrieden in die Sonne und wünschte uns viel Glück.

Das Echo der Pinien

Es ist ein sachtes Geräusch, wie ein feiner Nieselschauer: ein paar sanfte Berührungen auf der Zelthaut, darauf folgt ein leises Kullern. Beim ersten Mal wurden wir noch wach davon und rätselten, was es sei. Es dauerte ziemlich lange, bis wir dahinterkamen. Wir lachten überrascht auf, dann schliefen wir wieder ein – zufrieden und beruhigt, weil dieses Geräusch signalisiert, dass alles so ist, wie es sein soll, der Kreislauf des Werdens und Vergehens der Natur intakt ist. Und wir ein Teil von ihm sind. Es ist das Geräusch, das Pinien machen, wenn sie ihre Zapfen öffnen und ihre Kerne über unserem Zelt in die Welt verstreuen.

An dieses Geräusch müssen wir oft denken, wenn wir nach langen Reisen nach Hause zurückkehren, das leichte Gewebe unseres Iglus gegen das solide Dach tauschen, im Federbett liegen und an die undurchlässige Zimmerdecke schauen. Die Decke fällt einem nicht auf den Kopf. Sie senkt sich. An das Leben zwischen den Mauern müssen wir uns manchmal erst wieder gewöhnen: ein Schalter umgelegt, das Licht geht an. Ein Hahn aufgedreht, warmes Wasser. Ein Drehknopf verstellt, schon ist das Essen warm. Diese ganzen Selbstverständlichkeiten, die banalsten Verrichtungen des Alltags – nach dem Zelten erscheinen sie uns wie Wunder. Nachdem wir wochenlang jeden Schluck Wasser abgekocht haben, der Brenner im Regen nur widerwillig zündete und die Tage mangels Lampe mit dem Sonnenuntergang endeten, fühlen wir uns in unserer Großstadtwohnung wie Höhlenmenschen, kaum fähig, eine Einbauküche zu begreifen. So erfahren wir aber auch den Wert der Dinge. Das Paradies ist jetzt eine heiße Dusche und ein sauberes, weißes Frotteehandtuch in einem Badezimmer für uns allein.

Aus dem Spiegel schauen uns zwei Unbekannte entgegen, zwar vertraut irgendwie, aber doch anders, sonnenverbrannt, zerzaust – Gestalten, die nicht so recht hierher zu gehören scheinen. Das sind wir, nachdem wir uns so lange nicht mehr gesehen haben, wenn wir aus Ländern kommen, auf deren Campingplätzen – wenn überhaupt – nur blinde, zerkratzte Spiegel in den Waschhäuschen hingen.

Wir sind also wieder da.

Jetzt kann uns selbst ein aufziehendes Gewitter nichts mehr anhaben. Regen kommt nicht durch Wände, das muss man ihnen lassen. Ein Sofa ist eigentlich auch nicht so schlecht. Es gibt ein Leben jenseits des Klappstuhls. Dann fläzen wir in den weichen Kissen, trinken Rotwein aus richtigen Gläsern und blättern in den Landkarten unseres Campingführers. Der Finger rutscht auf einen Ort, an dem Pinien wachsen.